Der Nordstern
als Stern von Betlehem

Frank Keim

Dominik Seemann

Zielgruppe:
Theologen, Religionswissenschaftler, Exegeten, Naturwissenschaftler, Astronomen, Astronomiehistoriker, Astrologen und interessierte Laien

Impressum:
© Keim, Frank; Seemann, Dominik; 1. Auflage 2022
Herstellung und Verlag: BoD - Books on Demand, Norderstedt
ISBN: 9783756231560

*Eine Hauptaufgabe der Verschwörung im Zeichen des Wassermanns besteht darin, Paradigmenwechsel dadurch zu unterstützen, dass wir auf die Fehler alter Paradigmen hinweisen und zeigen, inwiefern der neue Kontext mehr erklärt und sinnvoller ist. (**M. Ferguson** 1982)*

*We have to approach the problem through the eyes of the magi. (**M. Hoskin** 2002)*

*Den Stern wird immer ein Geheimnis umgeben. (**G. Maier et al.** 2015)*

Inhaltsverzeichnis

Abbildungsverzeichnis

Abkürzungsverzeichnis

Abk.	Abkürzung
Apg	Apostelgeschichte
GPS	The Global Positioning System
Jes	Buch Jesaia
Jh.	Jahrhundert
Joh	Evangelium nach Johannes
Jt.	Jahrtausend
Lk	Evangelium nach Lukas
m	mag (Helligkeitseinheit)
Mi	Buch Micha
Mk	Evangelium nach Markus
Mt	Evangelium nach Matthäus
NN	nicht nominiert
NT	Neues Testament
Num	Buch Numeri

o.g.	oben genannt
o.J.	ohne Jahr
Phil	Brief des Apostels Paulus an Philemon
SvB	Stern von Betlehem
u.E.	unseres Erachtens
URL	Uniform Resource Locator
u.U.	unter Umständen

1 Einführung

Die Metaphern vom Stern und von Sternen werden im Deutschen oft und gerne verwendet. Wenn es z.B. über einen Tennisspieler heißt, er spiele „wie vom andern Stern", ist eine außergewöhnliche Leistung bezeichnet, die außer-, ja überirdisch ist. Ebenso geht „ihr oder sein Stern auf", bedeutet, der- oder diejenige rückte zunehmend ins Rampenlicht, feierte Erfolge usw. Im Schlager „Ein Stern, der Deinen Namen trägt" schwingt die große Wertschätzung mit, die gerade dem einen geliebten Menschen entgegengebracht wird, des „Augensterns". Auch negative Konnotationen sind möglich, etwa wenn eine Reise oder ein Geschäft von Anfang an „unter keinem guten Stern" stehen. Künftiges steht schließlich „in den Sternen", ist also gänzlich ungewiss. In dieser Weise war auch der Stern von Betlehem, der hauptsächlich als Stern des Messias und Glücksstern verstanden wurde, als astrologisch-astronomischer Brennpunkt vielfältigen Projektionen und Spekulationen ausgesetzt.

Im Oktober 2014 fand an der Universität Groningen (Niederlande) ein dreitägiges internationales Kolloquium mit dem Titel „The Star of Bethlehem: Historical and Astronomical Perspectives" statt. Eingeladen waren 19 Spezialisten aus den Gebieten Astronomie und

Geschichte der Astronomie, Alte Geschichte, Religion, Gesellschaft und Kultur, welche die verschiedensten Aspekte des Sterns von Betlehem[1] diskutierten. Aus dieser Veranstaltung ging 2015 der von P. Barthel und G. van Kooten herausgegebene Band „The Star of Bethlehem and the Magi" hervor.[2] Barthel ist ein Astronomieexperte, van Kooten Theologe und Spezialist für das Neue Testament.

Eine hilfreiche Zusammenstellung der „Kandidaten" für den Stern von Betlehem aus 2000 Jahren bietet D. Hughes in seinem Beitrag „Astronomical Thoughts on the Star of Bethlehem".[3] Das Spektrum reicht von Kometen über Novae und Supernovae bis hin zu Planeten – speziell Mond, Venus, Mars, Jupiter, Saturn und Uranus – und deren mannigfachen Stellungen (Konjunktionen, Okkultationen). Es fällt auf, dass sich kein einziger „normaler" Stern auf dieser Liste befindet. Hughes selbst, der den Stern von Betlehem für „real" hält, entschied sich für die Konjunktion von Jupiter und Saturn im Jahre 7 v.Chr., und hierbei für den Jupiter als Stern von Bethlehem.[4]

Trotz des enormen Aufwands und der Hinzuziehung international anerkannter Fachleute war das Ergebnis des Kolloquiums – bis auf einige Richtigstellungen – mehr als ernüchternd. In ihrem Epilog kamen die Herausgeber über eine schiere Zusammenfassung der Beiträge nicht hinaus. Dabei unterschieden sie drei Sichtweisen:

---

[1] Gelegentlich auch mit *SvB* abgekürzt.
[2] **Barthel** und **Kooten** 2015.
[3] ebd., S. 119-134.
[4] ebd., S. 133. Eine tabellarische Zusammenstellung möglicher Kandidaten findet man auch bei ebd., S. 87.

12

1. eine *skeptische*, derzufolge alles – die Erzählung und der Stern – Fiktion sei,

2. eine *minimalistische*, heißt, entweder Magier ohne Stern oder aber Stern ohne Magier, wobei bei letzterer Variante auf die Dreifachkonjunktion von 7 v.Chr. bzw. auf Halley's Komet von 66 n.Chr. rekurriert wurde, und

3. eine *maximalistische*, die alles zugesteht, sich beim Stern freilich wieder an die Konjunktionstheorie von 2. anlehnt.[5]

Der Stern von Betlehem ist und bleibt ein Enigma, das seit nunmehr 2.000 Jahren Myriaden von Forschern fasziniert und in seinen Bann gezogen hat. Bis dato vermochte jedoch keine Erklärung zu überzeugen und allgemeine Akzeptanz zu finden. Auch der vorliegende Versuch erhebt nicht den Anspruch, der letzte und von Erfolg gekrönte zu sein. Es wird jedoch eine Deutung vorgelegt, die sich in einer weitestgehenden Übereinstimmung mit dem Matthäischen Urtext befindet, was bei vorherrschenden Deutungen – die prominenteste natürlich die Konjunktion – oft nicht der Fall ist.

Der Geistliche C. Wrembek hat drei Fachgebiete benannt, in denen sich auskennen muss, wer auf der „Heeresstraße" der Stern-von-Betlehem Forscher mitgehen möchte: *„der der Exegese, der der Geschichtswissenschaft und der der Astronomie [...] Und der wichtigste [...] ist dabei der exegetische [...]"*[6] Die vorliegende Interpretation

---

[5] ebd., S. 649.
[6] **Wrembek** 2011, S. 27.

bezieht sich wieder auf den ursprünglichen Wortlaut: Bei Matthäus ist schlicht und einfach von einem „Stern" die Rede ($ho\ ast\bar{e}r$) – ohne jeglichen Zusatz. Aufgrund dieses Befundes dürften Himmelskörper wie Kometen oder Planeten und folglich auch Planetenkonstellationen u.ä. *a priori ausscheiden.*[7] Damit fällt auch die berühmte Jupiter-Saturn-Konjunktion aus dem Jahr 6 / 7 v.Chr. als Referenz für den Stern weg.

Es gilt, sich von der Vorstellung eines „außergewöhnlichen" Sterns oder einer sonstigen spektakulären Erscheinung am Himmel zu verabschieden. Gesucht wird vielmehr ein normaler Stern, eine gewöhnliche, jedem vertraute Erscheinung. Freilich wird es mit dem von uns behaupteten *Nord- oder Polarstern* in einer anderen Hinsicht eine besondere Bewandtnis haben.

---

[7] „alone, as in the case of the English 'star' or Latin *stella*, it means only 'star', not 'shooting star' or 'comet'." (allein, wie im Fall des englischen 'star' oder des lateinischen *stella*, meint es [das Wort *aster*] ausschließlich 'Stern', nicht 'Sternschnuppe' oder 'Komet'.) (**Barthel** und **Kooten** 2015, S. 246 u. schon **Wrembek** 2011, S. 13; alle künftigen Übersetzungen der englischen Zitate ins Deutsche von F. K.). Ebenso sind Planeten, deren retrograde Bewegungen oder Planetenkonjunktionen auszuschließen (vgl. **Barthel** und **Kooten** 2015, S. 247-251).

14

2 Die vier Evangelisten

Im Mittelpunkt dieser Arbeit steht ein Ausschnitt aus dem Matthäus-evangelium: die Geschichte von der Geburt Jesu zur Zeit des Herodes und vom Stern der Weisen (Mt 2,1-23). Neben Matthäus hat auch Lukas eine Kindheitsgeschichte überliefert (Lk 2,1-20), in der statt eines Sterns von einem „Engel" bzw. von „der Herrlichkeit des Herrn" die Rede ist (Lk 2,9). Hier sind es einheimische Hirten, keine Magier aus der Fremde, die des Kindes als Erste ansichtig wurden und darüber berichteten. Lukas nennt ebenfalls Betlehem als Geburtsort.

Markus und Johannes sind die beiden anderen Evangelisten. Über die zeitliche Zuordnung der Evangelien, die alle im 1. Jh. n.Chr. verfasst wurden, schreibt F. Steinleitner:

> *„Die zeitliche Einordnung dieser Evangelien und wer wie viel von den anderen abgeschrieben hat, ist nicht vollständig und nicht sicher geklärt. Nach neuesten Erkenntnissen schrieb Markus um 70 nach Null, Matthäus und Lukas fast gleichzeitig um 80 nach Null und Johannes zwischen 90 und 100 nach Null."* [1]

---

[1] **Steinleitner** 2020, S. 23.

Es erscheint sinnvoll, neben Matthäus alle Evangelisten mit einer biografischen Skizze zu würdigen. Wir beginnen mit demjenigen Verfasser, der voraussichtlich das älteste Evangelium geschrieben hat: mit Markus.

2.1 Markus

Viele Christen kennen Markus („dem römischen Kriegsgott Mars geweiht") vor allem als Verfasser des gleichnamigen Evangeliums. Er soll zudem eine der Quellen gewesen sein, die Matthäus und Lukas für ihre Evangelien genutzt haben. Wie auch bei den anderen Evangelisten steht über seinem Eintrag im ökumenischen Heiligenlexikon zusätzlich die Bezeichnung Apostel und Märtyrer. Auch eine weitere Rolle wird ihm zugeschrieben, eventuell könnte er Bischof von Alexandria gewesen sein. Markus wird als Sohn der Maria genannt, in deren Haus später die Treffen der frühen Christengemeinde abgehalten wurden. Trotzdem ist Markus zunächst griechischer Jude. Aus dem Kolosserbrief 4,10 geht hervor, dass sein Name seine hellenistische Abstammung unterstreicht und er Vetter des Zyprioten Barnabas ist. Unter Petrus wird Markus schließlich zum Christentum bekehrt. Aus einer Äußerung in 1. Petrus 5,13, wo Petrus ihn als seinen Sohn bezeichnet, wird deren enge Bindung erkennbar. Nach seiner Bekehrung soll er Petrus, der wenig griechische Sprachkenntnisse besaß, als Dolmetscher unterstützt haben, außerdem im Jahr 44 mit seinem Vetter und Paulus von Jerusalem nach Antiochia gereist sein (erste Paulusreise). Bei Perge trennte sich Markus von den beiden und

16

kehrte nach Jerusalem zurück. Nach weiteren Missionsreisen hatte er um 50 herum einen Disput mit Paulus. Als Paulus im Jahr 60 in Gefangenschaft geriet, versöhnten sich beide wieder.

Paulus soll Markus der Legende nach angestiftet haben, sein Evangelium zu schreiben. Dieses schrieb er wohl auf der Grundlage der Predigten des Petrus in Rom. Markus, der um 65 nach Alexandria reiste, soll dort auch die Koptische Kirche gegründet haben. Zu Tode soll er durch christenfeindliche Einwohner Alexandrias gekommen sein. In der Kunst wird Markus meist schreibend mit einem geflügelten Löwen dargestellt, womit die todesüberwindende Kraft der Auferstehung betont werden soll.[2] Er ist der Schutzpatron Venedigs.

2.2 Lukas

Genau so viele Fragezeichen wie zu Markus stehen hinter dem Eintrag zu Lukas im Ökumenischen Heiligenlexikon. Vermutlich stammte der Heidenchrist aus Antiochia. Während er nach dem Kolosserbrief 4,14 Arzt gewesen sein soll, spricht eine Überlieferung aus dem zweiten Jahrhundert von einem Juristen. Er lebte in Böotien (heute Thivia in Griechenland). Über eine Bekehrung des Lukas ist nichts bekannt, er soll sich jedoch in Alexandria Paulus als Gefährte auf seiner zweiten und dritten Reise angeschlossen haben. Auch während der Gefangenschaft des Paulus in Rom war Lukas als Einziger für ihn da, schenkt man 2. Timotheus 4,11 Glauben.

---

[2]**Schäfer** 2022.

17

Dieser Lukas gilt seit dem zweiten Jahrhundert und nach der Überlieferung des Irenäus von Lyon als Autor der Apostelgeschichte und des Lukas-Evangeliums. Es ist jedoch sehr unwahrscheinlich, dass die beiden o.g. Schriften von demselben Lukas stammen, von dem Paulus spricht. Schon die Entstehungszeit um 70 oder 80 spricht dagegen, demnach müsste Lukas bis in sein Todesjahr hinein geschrieben haben. Was die Gleichsetzung unmöglich macht, sind die theologischen und sachlichen Unterschiede der lukanischen und paulinischen Schriften. In Lukas' Werken fehlt die Deutung des Todes Jesu als Sühnetod (vgl. Lk 22,19 und Apg 20,28) und die bei Paulus zentrale Rechtfertigung durch Glauben (vgl. Apg 13,38).

Hinzu kommt, dass der Autor der Apostelgeschichte Paulus nie Apostel nennt, worauf dieser jedoch großen Wert legte. Außerdem gibt es zahlreiche Widersprüche zwischen der Apostelgeschichte und den Briefen des Paulus hinsichtlich dessen Wirken, z.B. die Darstellung des wichtigen Apostelkonzils (man vergleiche Apg 15,6-29 gegen Galater 2,2-10). Der Kolosser- und Timotheusbrief können nicht als Belege herangezogen werden, da sie nicht von Paulus stammen. Auch der Hebräerbrief, der angeblich von Lukas übersetzt worden sein soll, ist nicht von Paulus. Weder im Evangelium nach Lukas – oder wem auch immer – noch in der Apostelgeschichte finden sich Hinweise auf eine Autorenschaft des Lukas.[3]

Aus seinen eigenen Angaben in Lk 1,1-3 ergibt sich, dass der Schreiber des Lukasevangeliums kein Augenzeuge Jesu gewesen ist. Aufgrund seiner schlechten Ortskenntnis ist auch unwahrscheinlich,

---

[3]**Wolter** 2017, 267ff.

18

dass er aus Palästina stammte (vgl. Lk 4,44 gegen Mt 4,23 und Mk 1,39).[4]

Für Lukas ist es sehr wichtig, dass mit der Verfolgung der Urgemeinde eine Trennung stattfindet, beginnend in Apg 8,1, nämlich zwischen Juden, die mit den Veränderungen nicht mitgehen und den Heiden, die die Botschaft mit Freude aufnehmen und dadurch vom Heiligen Geist erfüllt werden: in Samaria Apg 8,4-25, in Antiochien Apg 13,44-46.50f., in Korinth Apg 18,4-7, in Ephesus Apg 19, 8-9 und in Jerusalem Apg 21,27-26,32. Zentral ist die Verkündigung der Heilsgeschichte an die Heiden und Nichtjuden. Dazu zählte Lukas auch die Hirten in der Weihnachtgeschichte.[5]

2.3 Johannes

„Gott ist gnädig" – das bedeutet der Name des vierten Evangelisten Johannes. Aber reden alle vom selben Johannes, ist der Apostel, Evangelist und Märtyrer derselbe? Die Überlieferung ist hier, wie schon bei den Synoptikern der Auffassung, dass wieder ein Augenzeuge, der Lieblingsjünger Jesu, also Johannes, das gleichnamige Evangelium, die Johannesbriefe und die Offenbarung verfasst haben soll. Dass der Evangelist Johannes ein Jünger Jesu gewesen sein soll, findet sich jedoch erst in späteren Quellen, daher ist zu vermuten, dass sie dem ursprünglichen Text nachträglich hinzugefügt wurden (Joh 21,24). Bei den Briefen gibt es im ersten überhaupt keinen Hin-

---

[4] **Bull** 2019.
[5] **Wolter** 2017.

weis auf den Verfasser, vom zweiten und dritten ist nur bekannt, dass er von einem Ältesten verfasst wurde. Der Knecht aus Offenbarung 1,1 ist demnach nochmals ein anderer Johannes als derjenige, der die vorigen Schriften verfasst hatte. Es ist gut denkbar, dass es sich hier um drei verschiedene Personen handelt, die vielleicht sogar alle Johannes hießen.[6]

Schaut man sich den Prolog des Evangeliums nach Johannes an („Am Anfang war das Wort" usw.), spricht einiges dafür, dass dieser von einer Gruppe von mehreren Leuten verfasst wurde. Auch der Schlussteil Joh 21, 24-25 spricht von einem „Wir". Selbst wenn der Apostel oder Lieblingsjünger das Evangelium nicht verfasst hat, so folgt es der Denkschule des Johannes und wurde von der johannesischen Gemeinde dokumentiert. Diese Gruppe ist unter dem Namen „johannesischer Kreis" bekannt. Auffällig ist, dass im gesamten Evangelium weder der Apostel Johannes noch die Jünger Jakobus und Johannes beim Namen genannt werden, wie das bei den Synoptikern der Fall ist (Mk 1,19), es wird lediglich von den Söhnen des Zebedäus gesprochen.[7]

Aus den Quellen geht nicht hervor, ob Johannes, der Sohn des Zebedäus und der Lieblingsjünger Jesu dieselbe Person sind. Außerdem gibt es im Johannesevangelium auch keine zwingenden Hinweise darauf. Außer der Namensgleichheit gibt es keine Gemeinsamkeit

---

[6]**Schäfer** 2022.

[7]Johannes (Evangelist), in: Wikipedia URL: https://de.wikipedia.org/wiki/Johannes_(Evangelist), zuletzt geprüft am 13.06.2022.

20

der Beiden.

Die Überlieferung setzt den Apostel und Evangelisten Johannes mit dem Jünger, der in Ephesus gewirkt haben soll, gleich. In seiner Zeit dort sollen auch das Evangelium und die Johannesbriefe entstanden sein. Die Entstehungszeit wird auf 100 n.Chr. angesetzt. Johannes soll viele Krankenheilungen vorgenommen haben, sogar eine Totenauferweckung wird ihm zugeschrieben. Darüber hinaus überlebte er zahlreiche Tötungsversuche. Einmal sollte er durch Gift umkommen, ein anderes Mal im Ölkessel, der sich jedoch in ein erfrischendes Wasserbad verwandelte. Auf Grund dieser Unkaputtbarkeit wurde Johannes auf die Insel Patmos verbannt. Über seine Geburt ist außer dem Ort Bethsaida nichts bekannt. Als Todesjahr wird das Jahr 101 angenommen.[8]

2.4 Matthäus

Über den Autor des Evangeliums ist ziemlich wenig bekannt, was daran liegt, dass es anders als bei Paulus im gesamten Matthäusevangelium keine Textstellen gibt, in denen sich der Autor vorstellt.

---

[8]Johannes ist der Schutzpatron der Kreisstadt Künzelsau in Hohenlohe; der Bildhauer, Maler, Buchdrucker, Papierfabrikanten, Papiermacher, Buchbinder, Buchhändler, Schriftsteller, Schreiber, Beamten, Notare, Theologen, Winzer, Metzger, Sattler, Glaser, Spiegelmacher, Graveure, Kerzenzieher und Korbmacher; der Freundschaft und des Weines; für gute Ernte; gegen Hagel, Vergiftungen, Brandwunden, Fußleiden und Epilepsie. Seine Attribute sind der Adler, der Kelch mit Schlange und der Ölkessel (**Schäfer** 2022).

Es gibt nur einzelne Hinweise, die jedoch weder eindeutig auf den Evangelisten bezogen werden können noch Rückschlüsse auf ihn zulassen.

Die Kirche glaubte lange, dass ihr „Lieblingsevangelium" vom Jünger Jesu Matthäus stamme. Später etablierte sich jedoch die sogenannte „Zwei-Quellen-Hypothese", die besagt, dass das Matthäus- und das Lukasevangelium aus zwei Quellen entstanden sind. Die eine Quelle ist mündliche Überlieferung und die andere das Markusevangelium (Ur-Markus). Warum sollte ein Augenzeuge, der aus erster Hand von Jesu Leben erzählen konnte, auf andere Quellen zurückgreifen? Diese Frage konnte bisher niemand plausibel beantworten, was gegen eine Autorschaft eines „Jüngers" Matthäus spricht. Obwohl der Autor des Evangeliums unbekannt ist, blieb der Name Matthäusevangelium erhalten. Streng genommen müsste man aber vom Evangelium nach Unbekannt sprechen.

Nach heutigem Wissen ist das Evangelium nach Matthäus wohl im Jahr 80 in Syrien entstanden, was aus Mt 4,24 geschlossen werden kann:[9]

> „Und sein Ruf verbreitete sich in ganz Syrien. Man brachte alle Kranken mit den verschiedensten Gebrechen und Leiden zu ihm, Besessene, Mondsüchtige und Gelähmte, und er heilte sie." (Einheitsübersetzung)

Darüber hinaus wird vermutet, dass der exakte Entstehungsort Antiochia gewesen sein soll, das heutige Antakya im Süden der

---

[9] ebd.

22

Türkei. Diese Erkenntnisse wurden in der Vergangenheit jedoch nicht von jedem geteilt. So möchte Papias von Hierapolis gewusst haben, dass mit Matthäus der Jünger Jesu gemeint sei, was dem Evangelium apostolische Autorität verleihe. Demnach hätte er sein Evangelium um das Jahr 42 herum abgefasst, natürlich in hebräischer Sprache. Der Bischof Paulinus von Nola ist der Meinung, dass Matthäus nach dieser Arbeit nach Parthien ging (heute Iran), um das Evangelium zu verkündigen. Bei Ambrosius von Mailand hingegen ist Persien als Wirkungsort überliefert und bei Rufinus von Aquileia soll es Äthiopien gewesen sein. Dort soll Matthäus Wunder getan haben, er überwand die Drachen der Zauberer und heilte die Tochter des Königs Egippus von Aussatz. Daraufhin soll dem Glaubensboten eine Kirche erbaut worden sein und die Geheilte trat ins Kloster ein. Nach dem Tod des Königs begehrte dessen Bruder die ins Kloster eingetretene Tochter. Als ihm Matthäus erklärte, sie sei Braut eines höheren Königs, ließ der Bruder des verstorbenen Herrschers Matthäus hinterrücks am Altar mit dem Schwert durchbohren. Andere Überlieferungen nennen als Todesursache eine Steinigung, den Tod durch Feuer oder auch einen friedlichen Tod.[10]

---

[10]siehe ebd.

23

2.5 Die Kindheitsgeschichten bei Matthäus und Lukas

Die drei Synoptiker Markus, Lukas und Matthäus scheinen dreimal dieselbe „Jesusstory" zu erzählen. Sie weisen, so der Neutestamentler M. Ebner, viele Gemeinsamkeiten auf, zur Untermauerung dieser Behauptung zählt er die wichtigsten auf. Die Evangelien haben denselben Grundaufbau, was sie erzählen, ist vom Beginn des öffentlichen Auftretens Jesu, seinen Wundertaten und Reden sowie seinem Weg nach Jerusalem gleich. Dort folgen die Stationen „Einzug, Streitgespräche im Tempel, Abendmahl, Prozess, Kreuzigung, Grablegung sowie der Grabgang der Frauen", so fasst Ebner zusammen: „Alle drei Evangelien stellen dabei 'thematisch verwandte Stoffe zu Blöcken' zusammen (beispielsweise Gleichnisse oder Wundererzählungen) und zeigen auch in den meisten Fällen die gleiche *Reihenfolge* von Einzelgeschichten, ja sogar von Einzelaussagen innerhalb einer Episode."[11]

Doch es gibt eben auch gravierende Unterschiede. Das Matthäus- und das Lukasevangelium sind deutlich länger als das Markusevangelium, was anzeigt, dass in ihnen Sondergut enthalten ist. Teilweise ist der zusätzliche Stoff beiden gemeinsam, teilweise kommt er nur in einem Evangelium vor. Lukas und Matthäus wissen zwar von der Geburt Jesu, erzählen jedoch unterschiedliche Geschichten. Matthä-

---

[11]NN (o.J.): Synoptischer Vergleich und synoptische Frage, URL: https://www.herder.de/theologie-pastoral/biblische-theologie/synoptischer-vergleich/ (zuletzt geprüft am 14.06.2022).

24

us erzählt vom Besuch der Sterndeuter, vom Kindermord und der Flucht nach Ägypten (Mt 2,1-2,18). Lukas hingegen will von einer Volkszählung unter Kaiser Augustus gewusst haben, bei ihm bringen die Engel den Hirten auf dem Felde die Kunde vom Retter der Welt und nur bei ihm liegt das Kind in einer Krippe (Lk 2,1-2,20). Schaut man sich Matthäus 1-2 im Vergleich zu Lukas genauer an, fallen weitere Gemeinsamkeiten auf. Es handelt sich hierbei um die christologischen Basismotive:

- Beide Evangelisten bezeichnen die Mutter Jesu als Maria,

- Maria und Josef sind verlobt, jedoch nicht verheiratet (Mt 1,18 und Lk 1,27),

- Josef stammt aus dem Hause Davids (Mt 1,20; Lk 1,27),

- Josef ist nicht der leibliche Vater Jesu,

- Die Geburt Jesu wird durch einen Engel angekündigt, der zur Namensgebung auffordert,

- Maria ist Jungfrau (Mt 1,18.20.23; Lk 1,27.30-35), Jes 7,14LXX steht im Hintergrund,

- Sie wird durch das Wirken des Hl. Geistes schwanger (Mt 1,20; Lk 1,35),

- Jesus ist der Messias Israels (Mt 1,21; Lk 1,32ff).

Es gibt jedoch auch Unterschiede, die darauf hinweisen, dass die scheinbar parallelen Stellen bei Matthäus und Lukas aus unterschiedlichen Logienquellen stammen könnten:

- Bei Mt wird Josef, bei Lk Maria angeredet,

- Bei Mt erscheint der Engel *nach*, bei Lk *vor* Eintritt der Schwangerschaft,

- Bei Mt hat Josef eine Traumvision, bei Lk Maria eine Erscheinung,

- Bei Matthäus lautet die Deutung des Namens Jesu: „Er wird sein Volk von seinen Sünden retten" (1,21), bei Lukas: „Er wird groß sein und Sohn des Höchsten genannt werden, und es wird ihm Gott, der Herr, den Thron seines Vaters David geben, und er wird herrschen über das Haus Jakob in Ewigkeit, und seiner Herrschaft wird kein Ende sein." (1,33ff).[12]

Als Einziger der Evangelisten gibt Lukas eine Geschichte aus der Kindheit Jesu zum Besten. Er weiß von einer Reise, in der Jesus und Verwandte anlässlich des Passafestes zum Jerusalemer Tempel pilgern. Auf der Rückreise wird Jesus nach einem Tagesmarsch von seinen Eltern vermisst. Diese eilen nach Jerusalem zurück und finden ihn dort nach drei Tagen, wie er mit den Schriftgelehrten diskutiert.

---

[12]Thomas Söding (2001): Zur Traditionsgeschichte der „Kindheitsgeschichten" (Mt 1-2; Lk 1-2), URL: https://www.kath.ruhr-uni-bochum.de/imperia/md/content/nt/nt/kindheit.pdf (zuletzt geprüft am 14.06.2022).

Maria stellt ihn zur Rede: „Warum hast du uns das angetan? Dein Vater und ich haben dich mit Schmerzen gesucht." Jesus antwortete wie ein heutiger Teenie, der der Kontrolle seiner Eltern gerne 'mal ausweicht: „Warum habt ihr mich gesucht?" Doch dann fährt er fromm fort: „Wisst ihr nicht, dass ich sein muss in dem, was meines Vaters ist?"[13] Ebensowenig überrascht die Reaktion der Eltern mit ihrem „besonderen" Kind: „Und sie verstanden das Wort nicht, das er zu ihnen redete." (Lk 2,50).

---

[13]Uwe Birnstein (2019): Heilige Familie: Die unbekannte Kindheit Jesu gibt Raum für Spekulationen, in: Sonntagsblatt 360° Evangelisch, URL: https://www.sonntagsblatt.de/artikel/glaube/heilige-familie-die-unbekannte-kindheit-jesu-gibt-raum-fuer-spekulationen (zuletzt geprüft am 14.06.2022).

3 Das Vorbild für Mt 2,1-23

In seinem Aufsatz *Die Weisen aus dem Morgenlande* machte A. Dieterich erstmals auf ein Ereignis aufmerksam, das zur Zeit des Matthäus hohe Wellen schlug und seiner Meinung nach eine Vorbildfunktion für dessen Erzählung bildete:

> *„Ich muss berichten von einem Ereignis des Jahres 66 n.Chr. Dio Cassius erzählt im 63. Buche, dass damals [...] Tiridates mit grossem Gefolge nach Rom kam. Er kam aus dem äussersten Osten, aus Armenien, brachte auch die Söhne der Könige, des Vologaisos, des Pakoros und des Monobazos mit, zog durch alle Länder vom Euphrat her in einem Aufzuge, der einem Triumphzuge glich."*[1]

Dieterich führte aus, dass dieser Festzug den größten Eindruck auf die Zeitgenossen machte und lange im Gedächtnis der Menschen verblieben sei.[2] Er meint, dass sich aus dem

> *„Zug der Magier zu Nero [...] die Legende (?) entwickelt*

---

[1] **Dieterich** 1901, S. 9. Tiridates I. (auch Trdat I.) war bis 75 König von Armenien. Er wurde im Jahr 66 durch Kaiser Nero In Rom gekrönt.

[2] ebd., S. 10.

hat von dem Zuge der Magier zur Anbetung des neuen Herrn und Erretters der Welt.“[3]

Zum Verhältnis dieser Magier (griechisch magoi) zum damals grassierenden Mithraskult schreibt er:

„Diese Christen [die Christen der griechisch-römischen Welt] haben auch in dem Texte der Magiergeschichte ohne weiteres in den magoi en anatolon, die dem Stern nachziehen, Mithrasdiener bezeichnet gefunden.“[4] Aus einer Erwähnung des Ereignisses bei Plinius wurde deutlich, *„dass auch in der römischen Welt magi der Ausdruck für Tiridates und seine Begleiter war.“*[5]

Im selben Jahr erschien zudem Halleys Komet, der als Vorbote des Falls von Jerusalem gedeutet wurde. Tatsächlich war das zweite prägende Ereignis die Zerstörung des Jerusalemer Tempels im Jahr 70 n.Chr durch die Römer, das von den Juden sicherlich als Schmach und Schande empfunden wurde, als willkürliche Zerstörung ihrer Religion. Matthäus, als griechischer Jude, dürfte diesbezüglich keine Ausnahme gewesen sein. Wenn man weiß, wie zentral die Religion im Leben der Juden war und ist, kann man sich die Reaktion auf das Zerstörungswerk unschwer vorstellen: Wut und Rufe nach

---

[3] **Dieterich** 1901, S. 12.
[4] ebd., S. 5.
[5] ebd., S. 11. Viele Forscher heute sind der Einschätzung Dieterichs gefolgt.

Vergeltung. Jedenfalls wird so die antirömische Stoßrichtung des Matthäus-Berichts verständlicher.

3.1 Die „Strategie" des Evangelisten

Im Zuge der „Legendenbildung", der Rückprojektion des Königzugs von 66 in das Jahr um Christi Geburt wurden die Rollen neu besetzt. Ein offener Angriff auf die Großmacht Rom war ausgeschlossen, weil er u.U. dazu geführt hätte, das aufkommende Christentum im Keim zu ersticken.[6] Matthäus bediente sich daher der Strategie der „Verschlüsselung". Statt von Nero, überhaupt einem römischen Kaiser, sprach er von Herodes, dem von Rom eingesetzten König.[7] Er war vielen Juden wegen seiner nabatäischen Herkunft suspekt, ja verhasst. Sein „Gegenspieler" wurde explizit als „König der Juden" bezeichnet: Nirgends, mit keinem Wort wird jedoch angedeutet, dass dieser eines Tages die Herrschaft Roms in Frage stellen würde. Der

---

[6]Die Stimmung um Christi Geburt unter den einfachen Leuten, das „Brodeln" im Untergrund wurde gut eingefangen von **Steinleitner** 2020, S. 22: „Und so finden sich Grüppchen, die gegen die römische Besatzungsmacht aufbegehren. Ein lebensgefährliches Unterfangen, denn Aufwiegler werden gnadenlos abgeurteilt und hingerichtet. **Johannes der Täufer** ist der bekannteste Führer einer solchen Gruppe. Er bezahlt das mit seinem Leben, er wird geköpft, im Auftrag von Herodes Antipas, einem Sohn des *großen Herodes*."

[7]Anders gesagt: Indem er von Herodes sprach, wollte er – was seine eigene Gegenwart und die seiner Glaubensbrüder und -schwestern betraf – explizit auch den römischen Kaiser, die römische Herrschaft insgesamt treffen.

lokal, in Jerusalem-Betlehem angesiedelte Bericht hat in Wahrheit also eine überregionale, in die Zukunft hinein wirkende Dimension. Natürlich spielte Jesu Lehre vom Gewaltverzicht, die Roms Primat vom Recht des Stärkeren fundamental widersprach, eine tragende Rolle.

Wie stellte sich die Situation aus Sicht der Judenchristen dar, als Matthäus seine Frohbotschaft verfasste? Herodes war längst tot und der von ihm angekündigte Messias auch. Und der Rest? Nun ja, die Großmacht war allmählich auf die Umtriebe der Christen aufmerksam geworden, so dass um 49 n.Chr. unter Kaiser Claudius die ersten Verfolgungen einsetzten. Wobei: Zwischen Juden und Christen wurde damals noch nicht unterschieden. Mit dem Kunstgriff einer Transposition des devoten Magierzugs in die Herodes-Zeit schlug der prominente Evangelist jedenfalls drei Fliegen mit einer Klappe:

1. Die damaligen Judenchristen – jene Klientel, für die er in erster Linie schrieb – konnten mit der Person Jesu ihre messianischen Sehnsüchte und Hoffnungen verknüpft sehen.[8] Ein solcher Messias war schließlich auch durch die Propheten angekündigt worden,

---

[8]Die Hoffnungen auf einen Messias „schwelten" schon lange, wenn man sich die „Okkupationsgeschichte" Judäas nach dem babylonischen Exil (bis etwa 500 v.Chr.) vor Augen führt: „300 vor Null erobert Alexander der Große Jerusalem, kurz darauf geraten sie [die Israeliten] unter ägyptische, dann syrische, dann makkabäische Herrschaft. Nur von ca. 130 bis 63 vor Null sind sie eine Weile unbehelligt. 63 vor Null erobert der römische Feldherr Pompejus [...] Jerusalem und besetzt den Tempel." (**Steinleitner** 2020, S. 21).

2. Die Inthronisation eines Messias durch Repräsentanten fremd-
   ländischer Völker (Magier aus dem Osten!) stellte für alle Völ-
   kerschaften, die durch Rom okkupiert waren, die Chance in
   Aussicht, sich irgendwann von dieser Fremdherrschaft zu be-
   freien, und

3. Mit der Erzählung startete „Matthäus" einen fulminant-getarnten
   Angriff auf die römische Großmacht – ohne dass dieser wahr-
   genommen oder ruchbar geworden wäre. Rom konnte sich die
   Geschichte entspannt anhören – sie war längst vorbei. Welche
   Gefahr ging schon von einem „toten" König aus?

Und das Kind Jesus? Seine Geburt?– Man wird zugeben müssen, dass es angesichts der politischen Großwetterlage vielleicht „zu
kurz" kam, ja von der ersten Generation der Judenchristen sogar
„instrumentalisiert" wurde angesichts akuter Sachlagen und Notwen-
digkeiten. Auch wenn der Wahrheitsgehalt des Evangeliums außer
Frage stellt, sind vielleicht doch Fragen nach Ausschmückungen und
Überhöhungen erlaubt und angebracht. Im Bericht ist lediglich von
Magiern, also von Weisen die Rede. Deren „Beförderung" zu Königen, gar *drei Königen, deren Namen usw.* scheint eine spätere Zutat
gewesen zu sein und gehört „ins Reich der Legende".[9]

---

[9]so auch **Maier**, **Riesner** u. a. 2015, 96 u. 111f.

3.2 Die erste Erwähnung des Sterns

Als die Magier in Jerusalem ankommen, stellen sie als Erstes eine Frage: **Wo ist der König der Juden, der jetzt geboren wurde?** Als Grund ihrer Frage geben sie an: **Wir haben nämlich seinen Stern beim Aufgehen gesehen**[10] **und sind gekommen, um ihn [den König] anzubeten.**[11] Der Text nach der Elberfelder Bibel: „Wo ist der König der Juden, der geboren worden ist? Denn wir haben seinen

---

[10] „Mit Bauer-Aland und anderen ziehen wir wegen der engen Verbindung mit [. $ast\bar{e}r$] und wegen des Singulars die Übersetzung **beim Aufgehen** vor." (**Maier**, **Riesner** u. a. 2015, S. 97). Der Prophet Bileam hatte bereits einen Stern geweissagt, der **aus Jakob hervorgehen** werde (Num 24,17). Mit diesem „Stern", den der Prophet in der Ferne zu erblicken meinte, scheint im damaligen Kontext jedoch eher ein Symbol für Macht und Stärke, für die Fähigkeit Israels zur Niederwerfung seiner Feinde gesehen worden zu sein.– Im Hintergrund der Auffassung, jeder Mensch habe gewissermaßen seinen „eigenen" Stern, darf Platons Lehre von der „Seelenwanderung" aus dem *Timaios* vermutet werden, „wo es heißt, jede Seele sei mit ihrem eigenen Stern verbunden (sic!), den sie verlasse, um auf der Erde Mensch zu werden und zu dem sie im Tode heimkehre (41 d ff.). Diese Idee wird dann im *Empedotimos* des Platon-Schülers Herakleides Pontikos voll entwickelt, wo die Milchstraße zum Pfad der zur Inkarnation ab- und von dort wieder aufsteigenden Seelen erklärt wird." (**Ulansey** 1998, S. 76). In diesem Kontext ist auch eine Stelle des aus Tarsos stammenden Apostels Paulus zu lesen: 'Unsere Heimat ist im Himmel, von wo wir auch einen Erlöser erwarten ... der unsere niedrigen Leiber durch die Macht, die er zur Unterwerfung des gesamten Universums besitzt [der Nordstern!], so verwandeln wird, daß sie seinem herrlichen Leib gleichen (*Phil.* 3,20-21)', zitiert nach ebd., S. 75.

[11] Die **fett** gesetzten Zitate aus Mt 2,1-12 sind **Maier**, **Riesner** u. a. 2015, S. 90-91 entnommen.

34

Stern im Morgenland gesehen und sind gekommen, ihm zu huldigen." (Mt 2,2).[12] – Man sollte zunächst festhalten, dass die Priester nach dem *Geburtsort* des (neuen) Königs fragen, nicht etwa nach dem Zeitpunkt seiner Geburt. Sie gehen also davon aus, dass das Kind bereits geboren wurde, der Ort seiner Geburt aber – zumindest ihnen – unbekannt ist. Weiter erfährt man, dass einer Prophetie zufolge Betlehem jener Ort sei, an dem der Messias erwartet wurde.[13]

Logischerweise „reisen" die Weisen dann – der Aufforderung des Herodes folgend –, ins benachbarte Betlehem, um dem Neugeborenen zu huldigen.[14] In dieser Absicht, es persönlich – und natürlich

---

[12] https://www.bibleserver.com/ELB/Matthäus2 (zuletzt geprüft am 18.06.2022).

[13] Mt 2,4-6. Die dort erwähnte Prophetie Michas (Mi 5,1ff) stammt aus dem 8. Jh. v.Chr. Weitere Stellen im NT zum Geburtsort Jesu in Betlehem sind Joh 1,45f u. 7,41ff sowie Lk 2,4.

[14] Warum gerade *dieses* Kind? Im Auswahlprozess dürfte auch eine gewisse Portion „Zufall" eine Rolle gespielt haben: „Man könnte auch auf einen verrückt anmutenden Gedanken kommen [...] Ferrari d'Occhieppo deutet das in seinem Buch *Der Stern von Bethlehem* an:
Zu allen Zeiten wurden Kleinkinder per Dekret durch häufig selbsternannte 'Fachleute' oder gar Zufälle zu Führern, Herrschern, Königen gekürt. Könnte es also nicht einfach sein, dass das Erscheinen der Magier mit ihren symbolischen Geschenken und ihrem demütigen Kniefall diesen Knaben zu dem gemacht hat, was er wurde und für Gläubige ist? Die Familie glaubte den Magiern. Es wäre kein Einzelfall." (**Steinleitner** 2020, S. 97). Zumindest die Zeit, in der die Magier in Betlehem erschienen sind, war *kein Zufall*: Sie kamen als Künder eines neuen Zeitalters.– Die „ungeklärten familiären Herkunftsverhältnisse des Kindes Jeschua" und seine Konsequenzen bilden den Ausgangspunkt des hyperkritischen Aufsatzes „Der Bastard Gottes: Die

auch „seinen" Stern – zu sehen und kennenzulernen, hatten sie die Reise ja unternommen. Welche Bedeutung dieser Primat des Ortes gegenüber der Zeit hinsichtlich der „Qualität" des Sterns hat, wird noch zu erörtern sein.

Nach M. Hengel und H. Merkel ist Mt 2,1-12 *'die eigenartigste Erzählung bei Matthäus, ja vielleicht im gesamten Neuen Testament.'*[15] Der darin enthaltenen Sterngeschichte wird also völlig zu Recht eine gewisse Sonderstellung eingeräumt. G. Maier, der Kommentator selbst meint, mit dem **Stern** sei [vermutlich] *„der Jupiter gemeint, der jetzt dicht neben dem Saturn stand, oder auch die Konjunktion beider."*[16]

Letzteres wäre durchaus ungewöhnlich, ist doch stets nur von einem Stern die Rede ($ho\ aster$), woraus folgt, dass eigentlich kein Planet gemeint sein kann, es sei denn, man unterstellt Matthäus, er habe den Unterschied zwischen Sternen und Planeten nicht gekannt. Wie später gezeigt wird, ist es aber zum Teil zutreffend, wenn Maier schreibt: *„Aber die meisten Argumente sprechen doch für die*

Jesus-Zäsur" des Karlsruher Philosophen Sloterdijk, in: **Sloterdijk** 2017, S. 176-209. Sloterdijk ist sicher bewusst, dass sich die Person Jesu und seine Lehre nicht auf seine „Herkunftsanomalie" reduzieren lassen, was der Autor am Ende des Artikels auch durchscheinen lässt.

[15] zitiert nach **Maier**, **Riesner** u. a. 2015, S. 115. Gerhard Maier (1937-) war bis 1995 Rektor des Albrecht-Bengel-Hauses in Tübingen und von 2001 bis 2005 Landesbischof der Evangelischen Landeskirche in Württemberg.

[16] ebd., S. 106 u.ä. 97, 113, wo er meint, dass es in dieser Frage „eine absolute Gewissheit [...] nicht [gibt]." Die dreifache Begegnung der Planeten Saturn und Jupiter im Jahr 7 v.Chr. (4. April, 20. Juli u. 12. November) ist eindrucksvoll bei **Steinleitner** 2020, S. 80-83 wiedergegeben.

36

Jupiter-Saturn-Konstellation als Grundlage der Annahmen der Magier (sic!). "[17] Grundlage ja für das zeitliche Auftreten der Magier, aber nicht für die Bestimmung des Sterns selbst! Erwähnenswert sind noch Versuche, den Stern mit den Planeten Uranus oder Venus zu identifizieren.[18] Mit W. Foerster meint auch Maier, dass die Frage nicht endgültig gelöst sei, *'was die Magier gesehen haben oder [gesehen] haben sollen, und wie ihre astrologische Deutung war.'*[19]

---

[17]**Maier, Riesner** u. a. 2015, S. 113.

[18]Vgl. **Banos** 1979-1980 bzw. **Koch** 2016 (vgl. zu einer Beurteilung dieser Versuche die Tabelle 4.1 auf S. 55).

[19]**Maier, Riesner** u. a. 2015, S. 97.

4 Das Voranschreiten des Frühlingspunkts (Präzessionszyklus)

Im vorigen Kapitel wurde gezeigt, dass für die Magier der *Ort* der Geburt wichtiger war als die Zeit. Im selben Satz erwähnen sie einen Stern. In welchem Zusammenhang steht dieser Stern nun mit Orten auf dem Erdball? Anders gefragt: Gibt es einen bestimmten Stern, der vielleicht eine wie auch immer geartete Affinität zu solchen Orten hat?– Die Frage kann nur bejaht werden, der gesuchte Stern ist der *Nord- oder Polarstern*. Um dessen „Wesen" deutlicher vor Augen zu führen, ist vielleicht folgende Erläuterung zum sog. *Präzessionszyklus der Erde* hilfreich.

Unsere Erde kann nicht anders: Andere Himmelskörper wie Sonne, Mond und Planeten üben derart Kräfte auf sie aus, die dazu führen, dass ihre Achse eine extrem langsame Kreisbewegung ausführt, die sog. Präzessionsbewegung der Erde.[1] Ein ganzer Präzessionszyklus dauert etwa 26.000 Jahre, währenddessen die Sonne alle zwölf Sternbilder des Tierkreises von Osten nach Westen durchläuft, wobei

---

[1] von lateinisch procedere = gehen, vorwärts gehen, voranschreiten.

sie sich im Schnitt ca. 2.000 Jahre in einem Sternbild aufhält.[2]

Derzeit sind die Fische jenes Sternbild, vor dessen Hintergrund unser Tagesgestirn am Frühjahrsäquinoktium aufgeht,[3] in Zukunft wird dies der Wassermann sein. Dieser *Präzessionszyklus* wird auch – zu Ehren des Philosophen Platon – als *Großes Platonisches Jahr* bezeichnet.

Im Gegensatz dazu erscheinen *dieselben ekliptikalen Sternbilder* im Jahresrhythmus. Die Richtung verläuft von Westen nach Osten, also umgekehrt zum Großen Jahr. Während ein Sternbild beim heliakischen Aufgang „schwierig" zu beobachten, und häufig nur teilweise zu sehen ist, kann dasselbe Sternbild im Jahreszyklus, also nachts, ausgiebig betrachtet und studiert werden.

Tatsächlich verließ die Sonne um Christi Geburt das Sternbild des Widders (Aries) und trat in das Sternbild Fische (Pisces) ein.

---

[2]Wenn von „Präzession" die Rede ist, fällt meistens der Name Hipparch, der das Phänomen um 128 v.Chr. entdeckt haben soll (vgl. **Russo** 2003, 91, 101 u. 361f. sowie die Fußnote 11 auf S. 48). Wir gehen allerdings davon aus, dass dieses Phänomen schon seit Urzeiten, seit ca. 40.000 Jahren bekannt ist (vgl. dazu unsere Interpretation des berühmten „Löwenmenschen" aus dem Hohlenstein-Stadel in Süddeutschland vor dem Hintergrund des gleichnamigen Sternbilds am Frühjahrsäquinoktiums bei **Keim** und **Seemann** 2021, 85ff.). Noch weiter zurück, bis zu 73.000 Jahren reichen archäoastronomische Zeugnisse zu den Mondphasen (vgl. **Keim** und **Seemann** 2022).

[3]Man spricht in diesem Zusammenhang auch von seinem heliakischen Aufgang, d.h. einem Aufgang mit bzw. in der Nähe der Sonne. Gemeint sind die Aufgänge von Planeten und Sternen vor dem eigentlichen Sonnenaufgang.

Bereits 1911 erkannte H. H. Kritzinger, dass diese Verschiebung des Frühlingspunkts auch für die Magier im Bericht des Evangelisten von Bedeutung gewesen sein könnte:

> *"he [Kritzinger] suggests that the passage of the Vernal Point from Aries to Pisces may have played an important role in the considerations of the magi."*
> *(er [Kritzinger] verweist darauf, dass die Verschiebung des Frühlingspunktes vom Widder zu den Fischen eine wichtige Rolle in den Betrachtungen der Magier gespielt haben könnte.)*[4]

Kritzinger machte auch darauf aufmerksam, dass

> *"the Greek term en tē anatolē should be translated as 'in its (heliacal) rising' rather than 'in the East'."*
> *(dass der griechische Ausdruck en tē anatolē besser mit 'in seinem (heliakischen) Aufgang' als 'im Osten' übersetzt werden sollte.)*[5]

Allerdings bezog sich Kritzinger bei seinen Berechnungen auf die heliakischen Aufgänge der Planeten Jupiter und Saturn und nicht auf

---

[4] **Barthel** und **Kooten** 2015, S. 145. Aufgrund dieser „Verschiebung" könnte man auf die Idee kommen, dass mit dem SvB ein Fischestern (= ein Stern „seines" – Jesu – Zeitalters) gemeint sein könnte, die Frage wäre dann auch, welcher. Die Beschreibung bei Mt 2,9-10 fordert aber einen „Stillstand" oben, wo das Kind war, der bei keinem Stern – mit Ausnahme des Polarsterns – gegeben ist (vgl. dazu die Tabelle 4.1 auf S. 55).
[5] ebd., S. 147.

41

einen Stern.[6]

Im selben Jahr erschien das Buch *Die Geschichte Jesu und die Astrologie* des Theologen und Kirchenhistorikers H. G. Voigt. Auch für Voigt spielten der Ausdruck *en tē anatolē* und das Wort *aster* eine große Rolle. Ähnlich wie Kritzinger dachte er an den heliakischen Aufgang Jupiters im Frühjahr 6 v.Chr. Die Konferenz zum SvB von 2015 war jedoch zu dem Ergebnis gekommen, dass Planeten und ähnliche Himmelskörper auszuschließen sind.

4.1 Der Nord- oder Polarstern[7]

Der Nordstern zeigt die Nordrichtung an. Das war früher, vor der Erfindung des GPS, auf dem Land und insbesondere für Seeleute wichtig, die nachts aus der Nordrichtung alle anderen Himmelsrichtungen ableiten und sich so orientieren konnten. Der Stern wird von den Muslimen dazu benutzt, die Richtung nach Mekka zu bestimmen und heißt bei ihnen Al-Kiblah. Auf der südlichen Hemisphäre ist der Nordstern nicht zu sehen. Am Tag diente selbstverständlich die Sonne zur Orientierung – mit Aufgang im Osten, Kulmination im Süden

---

[6]vgl. **Barthel** und **Kooten** 2015, S. 147.

[7]Die Erörterung des Nordsterns erfolgt in ständiger Bezugnahme zu Giorgio de Santillana's Werk „Die Mühle des Hamlet" (Hamlet's Mill, 1. Auflage 1969), dem die Autoren grundlegende Einsichten verdanken. De Santillana (1902-1974) war ein italienischstämmiger, US-amerikanischer Wissenschaftsphilosoph und -historiker. Dass das Buch einen Versuch darstellen soll, „so etwas wie die pan-babylonische Theorie wiederzubeleben" (**Ulansey** 1998, S. 69), sehen wir nicht.

42

Abbildung 4.1: *Giorgio de Santillana, ca. 1968.*

und Untergang im Westen.

Statt vom Nordstern ist auch vom Polarstern (lateinisch Stella Polaris) die Rede. Der Stern, der derzeit am nächsten beim Himmelsnordpol steht, heißt *Alpha Ursae Minoris* und gehört zum Sternbild des Kleinen Bären (auch Kleiner Wagen). Er bildet die Schwanzspitze des Kleinen Bären (**4.2**). Der Polarstern ist recht einfach am Himmel aufzufinden: Man verlängert die Linie der hinteren Wagensterne des Großen Wagen etwa um das 5-fache und stößt dann auf den Nordstern.

Mit seinem „Kollegen", dem Großen Bären, ist das Sternbild Kleiner Bär „zirkumpolar", also ganzjährig, nachts sowieso, aber auch tagsüber „sichtbar" – würde es da nicht von der Sonne überstrahlt werden. Eine weitere Besonderheit ist, dass der Nordstern unbeweglich am Himmel zu stehen scheint, während alle anderen Sterne um ihn kreisen. Es scheint so, als ob der gesamte Himmel an ihm „hängt" bzw. an ihm „aufgehängt" ist, wie ein Rad an seiner Achse. Er scheint so der Mittelpunkt aller Sterne zu sein:

43

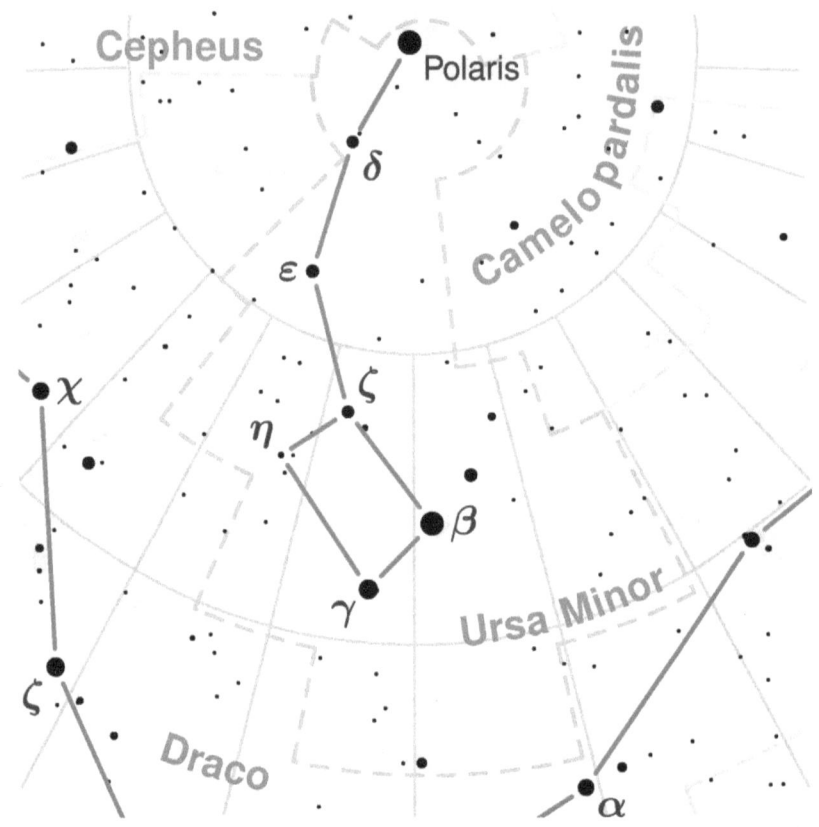

Abbildung 4.2: *Ursa Minor Konstellation (Kleiner Bär)*.

44

„Nach Ansicht der Mongolen ist der Polarstern 'ein Pfeiler, von dessem sicheren Stand die richtige Umdrehung der Welt abhängt, oder ein Stein, der eine Öffnung verschließt: Wenn der Stein herausgezogen wird, strömt das Wasser aus der Öffnung und überschwemmt die Erde.'"[8]

4.1.1 Der Nordstern und der Breitengrad

Eine der faszinierendsten Eigenschaften des Nordsterns ist seine Relevanz für die Geografie, die so bei keinem anderen Stern gegeben ist: Hier „berühren" sich Himmel und Erde geradezu. Wenn man genau auf dem Nordpol steht, befindet sich der Nordstern genau 90° über dem Kopf, ist also mit dem Zenit identisch. Läuft man nun auf der Erdkugel „nach unten", Richtung Äquator, geschieht gewissermaßen das „Wunderbare": Der Polarstern läuft mit dem Wanderer mit, er begleitet ihn und *indiziert denselben Breitengrad, auf dem sich dieser aufhält* (**4.3**).

Am Äquator hat der Breitengrad den Wert Null, so dass der Nordstern dort nicht gesehen werden kann. Je weiter man in den Norden kommt, desto höher steht der Stern am Himmel. Seine Höhe in Deutschland liegt etwa zwischen 49° (München) und 54° (Hamburg). Man kann mit seiner Höhe herausfinden, auf welchem Breitengrad der Erde man sich gerade befindet.[9] Und umgekehrt: Kennt man

---

[8]**Santillana** und **Dechend** 1994, S. 201.

[9]Um diese geografische Dimension des Nordsterns stärker zu betonen, könnte auch vom *Stern des Breitengrads* oder vom *Breitengradstern* gesprochen werden.

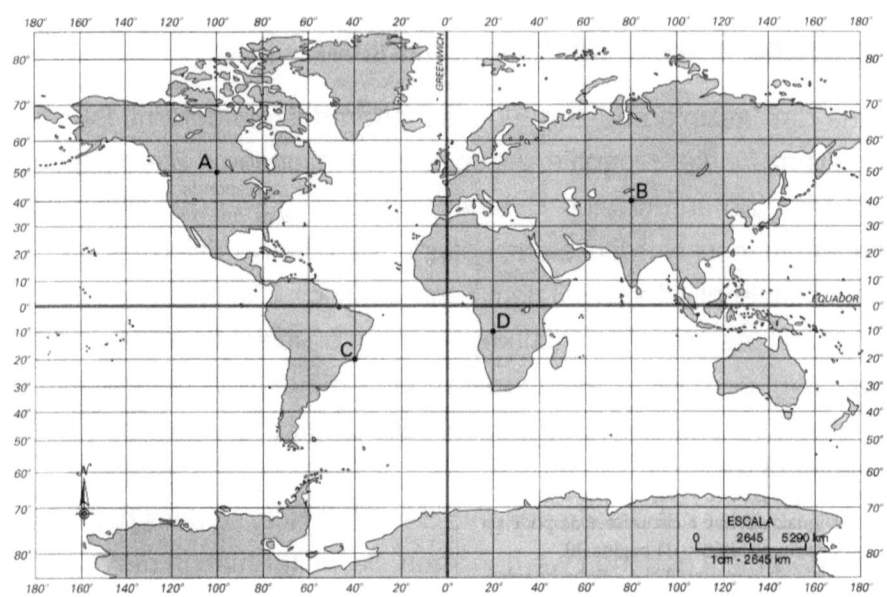

Abbildung 4.3: *Das Gradnetz der Erde: Breiten- und Längengrade.*

46

den Breitengrad eines Standorts, ist es möglich, die Angabe zum Auffinden des Sterns zu nutzen.

4.1.2 Der Wechsel des Nordsterns

Das Phänomen des scheinbaren „Stillstands" des Polarsterns hängt mit der sog. Präzession der Äquinoktien zusammen (**4.4**). Die Ursache für die Präzession

> „liegt in einer schlechten Angewohnheit unserer Erdachse, die sich wie ein Kreisel dreht, dessen Spitze sich genau in der Mitte unseres kleinen Erdballs befindet. Das führt dazu, daß unsere Erdachse – wenn man sie sich in Richtung Himmelsnordpol verlängert denkt – einen Kreis um den Nordpol der Ekliptik beschreibt, dem wahren 'Zentrum' des Planetensystems. Dabei weist der Radius dieses Kreises denselben Wert auf wie die Schiefe der Ekliptik hinsichlich des Äquators: 23,5 Grad. Die Zeit, welche diese verlängerte Achse benötigt, um den ekliptischen Nordpol zu umkreisen, beträgt ungefähr 26.000 Jahre [...]"[10]

Der Ausdruck 'Präzession der Äquinoktien' geht auf den griechischen Astronomen Hipparch zurück:

> „Die griechischen Astronomen verfügten über ausreichende Hilfsmittel und Daten, um die enorm langsame Bewegung zu ermitteln, und sie erkannten, daß sie sich auf

---

[10]**Santillana** und **Dechend** 1994, S. 54.

den gesamten Himmel bezog. Im Jahre 127 v.Chr. gab Hipparchos ihr den Namen Präzession der Äquinoktien."[11]

Vermutlich geht der persisch-römische *Mithras-Kult* auf diese Entdeckung Hipparchs zurück, die eine große Erschütterung in der Astronomie auslöste. Das zentrale Motiv des Kults war ja die Tötung eines Stiers durch Mithras, einem „Freund" der Sonne, astronomisch gesagt: die Ablösung des Stierzeitalters durch dasjenige des Widders. Mithras, der im Kanon der vorhandenen Götter nicht vorkam, wurde regelrecht als „neuer Gott" erschaffen, dem die Kraft zugesprochen wurde, in dieser Weise den gesamten Sternenhimmel in Bewegung zu versetzen.[12]

Die extrem langsame Kreisbewegung hat zur Folge, dass die Sonne etwa alle 2.000 Jahre am Frühjahrsäquinoktium vor dem Hintergrund eines „neuen" Sternbilds aufgeht, das wiederum etwa dieselbe Zeitspanne Bestand hat:

„Wenn aufgefallen war, daß ein bestimmter Stern, der kurz vor der Sonne der Tagundnachtgleiche aufzugehen pflegte, an diesem Tag nicht mehr zu sehen war, so war klar,

---

[11] **Santillana** und **Dechend** 1994, S. 61 u.ä. ebd., S. 130. Hipparch ging, wie sein Nachfolger Ptolemäus, vermutlich von einer „ruhenden" Erde aus, was nach **Russo** 2003, S. 102 aber unsicher ist.

[12] Vgl. zu dieser astronomischen Dimension des Mithras-Kults **Ulansey** 1998 und deren u.E. verfehlte Einschätzung bei **Lahe** 2019, 92ff.– Die reizvolle Aufgabe, weitere Attribute des „Sonnenjüngers" Mithras – wie Weltkugel, Zodiakus (ebd., S. 50), sieben Sterne (sicher die Plejaden, nicht die Planeten, gegen ebd., S. 53), Sonnenkranz, Sternenmantel u.a. – zu diskutieren, kann hier nicht geleistet werden (**4.5** u.a.).

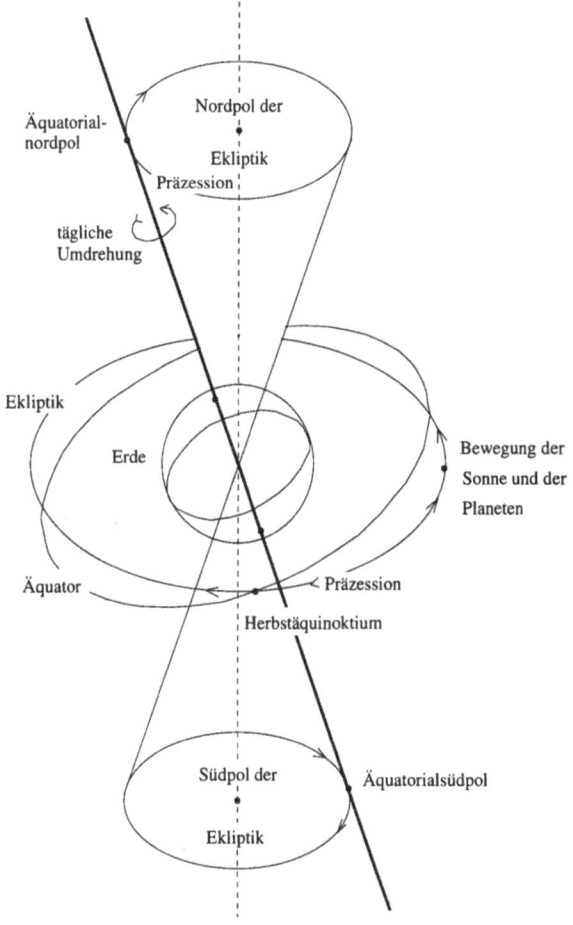

Abbildung 1. Eine schematische Darstellung der Präzession der Äquinoktien. Die symmetrische Zeichnung macht deutlich, daß das Phänomen an beiden Polen auftritt.

Abbildung 4.4: *Die Präzession der Äquinoktien.*

Abbildung 4.5: *Das Fresko Mithras Tauroctonus in Marino, 2.-3. Jh. n.Chr. (Mithras wird von der Sonne links beschienen).*

50

daß sich die Zahnräder des Himmels verschoben hatten. War dieser Stern der letzte eines gegebenen Tierkreiszeichens, bedeutete dies, daß sich das Äquinoktium in ein anderes Zeichen bewegte. Es besteht auch keinerlei Zweifel [...], daß man sich schon im Altertum der Verschiebung des Polarsterns bewußt war."[13]

Wenn die Sonne in ein neues Sternbild „eintritt", hat dieser Wechsel auch Konsequenzen für den Nordstern. Wie oben erwähnt, bewegt sich die verlängerte Erdachse um den Himmelsnordpol auf einem Kreis, der sich nach rund 26.000 Jahren wieder schließt. Daher gibt es nicht den „einen" Nordstern, sondern lediglich sich ändernde Kandidaten, die sich in Kreisnähe befinden (**4.6**). Gemäß der Devise: Wie unten, so oben – muss bei jedem „Wechsel" des Sternbilds ein neuer Stern ausfindig gemacht werden:

„Der Polarstern bewegt sich tatsächlich von der Stelle, und alle paar tausend Jahre muß man sich nach einem neuen Stern umsehen, der zur Übernahme der Funktion eines Polarsterns am besten geeignet ist"[14]

Vor etwa 2.000 Jahren war *Kochab* oder auch *Beta Ursae Minoris* der gesuchte neue Nordstern, *mithin der damalige Stern von Betlehem*:

„Um 3000 v.Chr. war alpha Draconis [= Tuban] der Polarstern; zur Zeit der Griechen war es beta Ursae minoris (!);

---

[13]**Santillana** und **Dechend** 1994, S. 131.
[14]ebd., S. 129.

gegenwärtig ist es alpha Ursae minoris; um 14.000 wird es die Vega [im Sternbild Leier] sein."[15]

Kochab (β Ursae Minoris) ist mit 2 m nach Polaris der zweithellste Stern des Sternbilds (**4.2**). Sein Name leitet sich aus dem Arabischen ab und bedeutet schlicht „der Stern", ursprünglich hieß er „der Stern des Nordens":

„Die islamischen Astronomen [...] nennen den Stern Kochab (beta Ursae minoris) [auch] 'Mühlzapfen' und die Sterne des Kleinen Bären, die den Nordpol umgeben, Fas el-rahha (das Loch des Mühlzapfens), 'weil sie gleichsam das Loch (die Pfanne) vorstellen, worin der Mühlzapfen umläuft, indem sich der Zapfen des Taggleichers (Pol des Äquators) in dieser Gegend, dem Stern El-dschedi ziemlich nahe befindet.' So lauten die Worte des arabischen Kosmographen al-Kazwini."[16]

Wann aber beginnt ein neues Zeit- oder Weltalter?– Hier muss es doch ein astronomisches Ereignis geben, das seinen exakten Beginn anzeigt:

---

[15]**Santillana** und **Dechend** 1994, S. 54 u. **4.6**.– Um 1000 v.Chr., zur Zeit König Davids, war Kochab schon näher am Himmelsnordpol als Alpha Draconis. (Vielleicht ließe sich damit auch der berühmte „Stern" Davids, das heutige Symbol des Staates Israel erklären).

[16]ebd., S. 125. Mit dem Stern *El-dschedi* ist der alpha-Stern des Kleinen Bären bezeichnet.

52

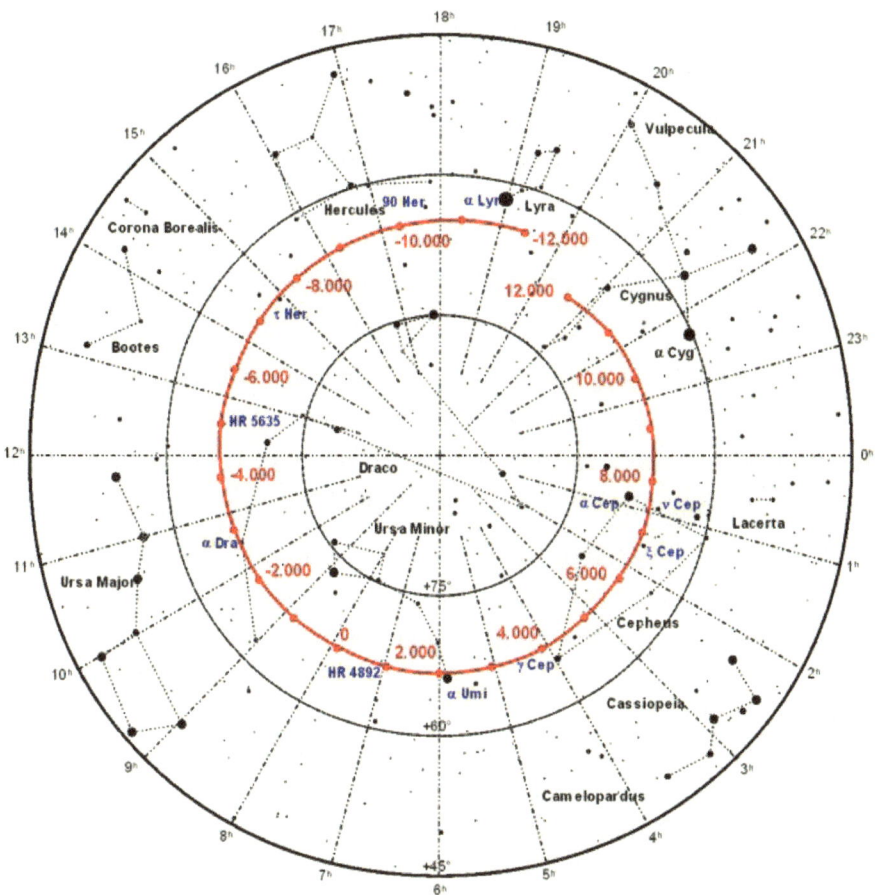

Abbildung 4.6: *Die „Kandidaten" für den Nordstern in 24.000 Jahren (mit dem Jahr 0 für Christi Geburt).*

„Ein neues Tierkreiszeichen galt erst dann als 'angebrochen' – der Frühlingspunkt war natürlich bereits an der Grenze –, wenn eine Große Konjunktion im neuen Tierkreiszeichen stattgefunden hatte (!) [...] Unsere eigene Ära, das Zeitalter der Fische, wurde eingeläutet durch eine (dreimalige) Große Konjunktion bei zeta Piscium im Jahr 6 v.Chr."[17]

Jupiter bzw. Saturn in den Fischen, diese Planeten wurden – einzeln oder zusammen – von Kepler bis de Santillana als Stern von Betlehem gehandelt – dabei ist ihr Erscheinen lediglich der „Auftakt" zu einer neuen Ära. Jetzt wird auch verständlich, warum die Weisen aus dem Morgenland gerade anlässlich dieses Ereignisses nach Jerusalem aufbrachen: Mit dem Anbruch des Fischezeitalters haben sie einen neuen (Nord)stern gesehen, für sie das „Hoffnungs-Zeichen" eines neu geborenen Königs. Sie waren gekommen, um den Ort seiner Geburt zu erfahren und um ihm zu huldigen.[18]

---

[17]**Santillana** und **Dechend** 1994, S. 244 und ebd., S. 223. Man wird sehen, dass das Jahr 7 v.Chr. besser passt, da es am 4. Juni 7 v.Chr. eine Konjunktion der Planeten Jupiter und Saturn gab.– Es wäre interessant zu erfahren, aus welcher Quelle de Santillana seine Informationen zum 'Anbruch' eines neuen Weltalters bezogen hatte.

[18]Bei den Magiern kann insofern von „Astrologen" gesprochen werden, als sie ein kosmisches Ereignis (die Präzession der Äquinoktien) mit einem irdischen Vorgang (der Geburt eines neuen Königs) verknüpften; daher auch die Rede von „seinem" Stern – eine Zuweisung, welche die Magier vornahmen.

54

Himmelskörper	Stern?	Orientierung?	„Begleiter?"	„Stillstand?"	geografische Lokalisierung?
Jupiter-Saturn Opposition	Nein	Nein	Nein	Ja (scheinbar)	Ja (sehr ungenau)
Uranus Opposition	Nein	Nein	Nein	Ja (scheinbar)	Ja (sehr ungenau)
Venus	Nein	Nein	Nein	Nein	Nein
Fischestern	Ja	Nein	Nein	Nein	Nein
Nordstern	Ja	Ja	Ja	Ja (scheinbar)	Ja (dem Breitengrad nach)

Tabelle 4.1: Optionen bzgl. des Sterns von Betlehem.

55

5 Der Nordstern als Stern von Betlehem

Der Nordstern weist Eigenschaften auf, die ihn als Kandidaten für den Stern von Betlehem besonders attraktiv machen. Mit seiner Hilfe lassen sich zum einen die *Himmelsrichtungen* bestimmen, wodurch er als Leitstern fungiert. Seine *Höhe* über dem Horizont definiert außerdem *den Breitengrad* eines Beobachters auf der Erdkugel, er hat also geografische Relevanz, beides Merkmale, die kein anderer Stern aufzuweisen hat.[1] Schließlich erfolgt etwa alle 2.000 Jahre ein *Wechsel* des Polarsterns – was gerade diesen Stern zu einem Kandidaten von „Zeitenwenden" macht.

Im Folgenden wird geprüft, ob sich die genannten Eigenschaften des Himmelsobjekts am Wortlaut des Matthäus-Evangeliums verifizieren lassen.

---

[1] Einschränkend kann man vielleicht sagen, dass die Oppositionstellung von Planeten selbstverständlich auch geografische Relevanz hat – immerhin stehen sich Erde und Planeten in diesem Moment gegenüber, die aber sehr ungenau, eher „kosmisch" zu sehen ist. Der Ausdruck „wo das Kind war" fordert dagegen eine präzise Lokalisierung auf dem Globus.

5.1 Die zentrale Beschreibung des Sterns

Bei der ersten Erwähnung des ominösen „Sterns" in Mt 2,2 blieb dessen „Qualität" noch unterbelichtet. Es wird lediglich gesagt, man habe **seinen Stern aufgehen sehen**. Die zweite, entscheidende Passage wird bezüglich dieser Qualität wesentlich konkreter: **Und siehe, der Stern, den sie beim Aufgehen gesehen hatten, ging vor ihnen her, bis er kam und oben stehen blieb, wo das Kind war. Als sie den Stern sahen, freuten sie sich mit unbeschreiblicher Freude (Mt 2,9-10).** Die Übersetzung gemäß der Elberfelder Bibel lautet: „Und siehe, der Stern, den sie im Morgenland gesehen hatten, ging vor ihnen her, bis er kam und oben über (der Stelle) stand, wo das Kind war. Als sie aber den Stern sahen, freuten sie sich mit sehr großer Freude."[2]

Es erscheint sinnvoll, beide Sätze in ihre wesentlichen Bestandteile zu zerlegen, um zu schauen, ob der so charakterisierte „Stern" auch zum Nordstern passt:

1. **der Stern, den sie beim Aufgehen gesehen hatten, ging vor ihnen her ..**

Maier machte darauf aufmerksam, dass man sich dieses Vor Ihnen Hergehen des Sterns nicht wie bei einer Laterne vorzustellen habe.[3] Andererseits ist dieser Vergleich gar nicht so schlecht: Denn egal,

---

[2]https://www.bibleserver.com/ELB/Matthäus2 (zuletzt geprüft am 20.06.2022).

[3]Vgl. **Maier**, **Riesner** u. a. 2015, S. 106.

58

wohin die Magier auch gehen – faktisch von Jerusalem ins südlicher gelegene Betlehem – der Stern „begleitete" sie, er lief gewissermaßen den ganzen Weg mit ihnen. D. Koch hat die Konnotation des Verbs „Vorausgehen" als „Begleiten" beschrieben:

> *„Das griechische Wort, das hier mit 'er ging voraus' übersetzt wird, ist proegen [...]. Der Infinitiv des Verbs ist proagein [...]. Ursprünglich bedeutet dieses Wort „vorwärtsführen, weiterführen". Es fragt sich daher, ob die Bedeutung hier nicht einfach „begleiten" sein könnte."*[4]

Ein Stern kann einen nicht begleiten, wenn er gar nicht zu sehen ist. Davon aber, einem sichtbaren Stern – der vor ihnen herging.. – ist hier die Rede. Daraus wird auch klar, dass die Magier *in der Nacht* nach Betlehem aufgebrochen sind, was erklärungsbedürftig ist:

> *„Warum aber wählten sie die Nacht? Die Antwort, die der Kontext nahelegt, muss wohl lauten: Weil sie die Orientierung am Sternhimmel suchten.* **Der Stern**, *von dem hier die Rede ist [...] leitet sie nun tatsächlich."*[5]

Der Nordstern fungiert insofern als Leitstern, als er den Magiern erlaubte, ohne Hilfsmittel wie z.B. einem Kompass, allein durch das Betrachten des Sternenhimmels die korrekte Richtung zum Kind einzuschlagen. Dazu zieht man vom jeweiligen Standort vom Nordstern aus eine gerade Linie zur Erde. Man benutzt am besten ein Lot, das

---

[4]**Koch** 2016.
[5]**Maier**, **Riesner** u. a. 2015, S. 106.

an einer Schnur befestigt ist. Wo diese Linie auf den Horizont trifft, ist Norden (**5.1**). Aus diesem Wissen lassen sich dann Osten (rechts) und Westen (links) ableiten. Um in die südliche Richtung laufen zu können – für die Gruppe besonders wichtig! – muss eine Drehung um 180° vorgenommen werden. Der Stern „leitet" die Gruppe also, an den richtigen Ort, nach Betlehem zu gelangen.[6]

Die Magier kommen aus dem Osten, sind in Judäa also „fremd" und kennen die Richtung nicht, die sie einschlagen müssen. Vielleicht wurde ihnen gesagt, dass Betlehem südlich von Jerusalem gelegen sei, aber auch nicht mehr.[7] Die übrigen Sterne oder Planeten (z.B. der Jupiter) können die Magier in ihrem Vorhaben in keinster Weise unterstützen. Sie ziehen – wie die Sonne – von Osten nach Westen an ihnen vorbei.

2. bis er kam und oben stehen blieb, wo das Kind war.

Mit der Wandergruppe kommt auch der Stern zum „Stillstand", beide haben sozusagen ihr Ziel erreicht. Das „Kommen" des Sterns ist hier keinesfalls im Sinne seiner „Bewegung" zu verstehen, sondern als sein Ankommen am „Ort, wo das Kind war". Mit dem Ankommen der Gruppe kommt auch der Stern zum „Stillstand", bleibt mit ihnen stehen. Dabei steht er genau an der Stelle am Himmel, *wo das*

---

[6]Vgl. die Tabelle 4.1 auf S. 55. Die Frage nach der *Orientierung* kann allein beim Nordstern mit *Ja* beantwortet werden.

[7]Die Erfahrung hat wahrscheinlich schon jeder einmal gemacht, wenn eine „fremde" Person in einer Stadt nach dem Weg, einem Gebäude o.ä. fragt: Während sich die „Ortskundigen" nachgerade blind auskennen, sind Fremde, gerade was die groben Richtungen angeht, völlig desorientiert.

Abbildung 5. Das Anvisieren des Polarsterns (links) und die Beobachtung des Meridiandurchgangs von Kassiopeia (rechts). Die Darstellung ist einem „Kalender für Schäfer" aus dem Jahre 1493 entnommen.

Abbildung 5.1: *Die Messung der Himmelsrichtung mit Hilfe des Nordsterns (linkes Bild).*

61

Kind war, astronomisch gesprochen: Seine *Höhe* über dem Horizont entspricht ziemlich genau dem *Geburtsort* auf der Erdkugel, wo die Magier *das Kind* und *seine Mutter* antreffen. Der Stern definiert also den *Breitengrad, wo* das Kindlein geboren wurde (**5.2**). Diese Eigenschaft, qua Höhe den Ort eines Beobachters auf der Erde zu definieren, ist ausschließlich beim Nordstern vorhanden.[8] Betlehem liegt, ebenso wie Jerusalem, auf dem 31. Breitengrad (genau bei $31,70°$ Nord). Die Eingangsfrage nach dem Geburtsort: **Wo ist der König der Juden usw.** ist jetzt beantwortet.

Die Formulierung **Der Stern ging vor ihnen her ..** bezieht sich darauf, dass der Stern sie führte, also die Richtung anzeigte, in die sie gehen mussten, ist aber astronomisch gesehen „unklar". Korrekter wäre die Formulierung: *Sie zogen vor dem Stern her*, (der ihnen gleichwohl die Richtung vorgab). Der zweite Bestandteil des Verses – sein Stehenbleiben oben, wo das Kind war – trifft demgegenüber die Besonderheit und Wirkweise des Nordstern wesentlich besser. Im Grunde genommen ist es egal, wer Subjekt in diesem Satz ist: der Stern oder die Magier. Bei Matthäus ist es der Stern, an dem sich die Magier ausrichten konnten. In jedem Fall wollte der Autor die durch das Gestirn gegebene Orientierungsmöglichkeit aufzeigen.[9]

---

[8] Vgl. dazu die Tabelle 4.1 auf S. 55, wo die Frage nach der 'geografischen Lokalisierung' beim Nordstern bzgl. des Breitengrads bejaht werden kann.

[9] Um die „merkwürdige" Formulierung besser zu verstehen, könnte man auch – natürlich nur hypothetisch – an eine Art Spiegelkonstruktion denken, die die Magier vor sich her führten (Rückspiegel). Der Polarstern musste dabei ständig im Blickfeld behalten werden, da ansonsten die Richtung nicht mehr „stimmte" und einer Korrektur bedurfte. Mit Hilfe des beigeführten

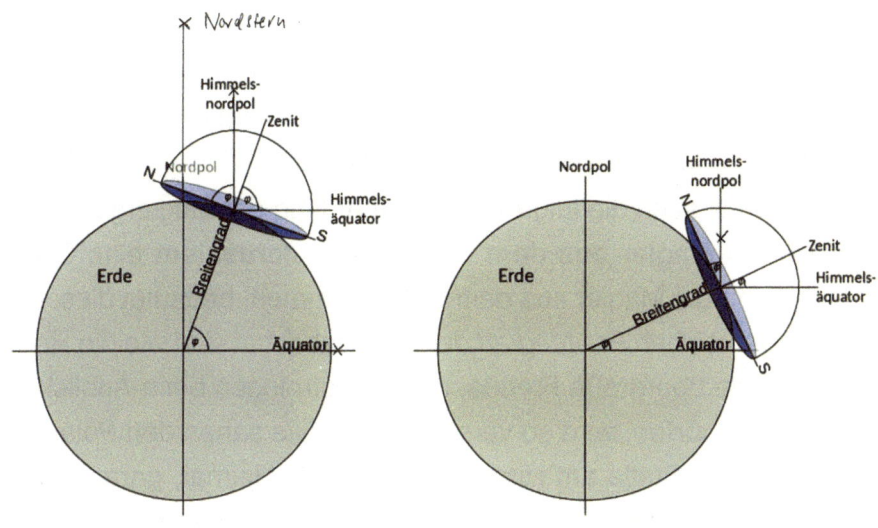

Abbildung 5.2: *Die **Höhe** des Nordsterns x entspricht dem **Breitengrad** des Beobachters,*
Positionen linkes Bild: am Nordpol, in Nordpolnähe, am Äquator,
Position rechtes Bild: in Äquatornähe.

3. **Als sie den Stern sahen, freuten sie sich mit unbeschreiblicher Freude.**

Die Tatsache, dass der Stern den Ort indiziert, erfüllt die Weisen, als sie ihn erblickten, **mit unbeschreiblicher Freude**. Der Stern, den sie in ihrer Heimat haben aufgehen sehen, hat sie auch in der Fremde nicht „im Stich gelassen". Ganz im Gegenteil – er hat sie zum Geburtsort eines neuen Königs geführt. Zu Recht bezeichnet Maier den Vers 10 als „den 'Höhepunkt' des Berichts".[10]

Nun erhält auch die Information vom Anfang der Magiergeschichte: **Da kamen Magier aus dem Osten nach Jerusalem** eine Bedeutung. Wenn die Magier aus dem Osten kommen, bedeutet dies, dass sie auf *demselben Breitengrad* der Erde beheimat sind wie die Heilige Familie. Die übergroße Freude, die die Astrologen beim Anblick des Sterns verspürten, wird so verständlicher. Sie sahen den Polarstern an derselben Stelle am Himmel wie in ihrer Heimat, geradeso, als hätten sie die beschwerliche Reise nicht auf sich genommen. Der Stern Jesu, „sein Stern", der Stern von Betlehem, mutiert in diesem Augenblick auch zu „ihrem Stern", dem Stern ihrer Heimat.

Der weitere Verlauf der Geschichte – die Rückkehr der Magier unter Umgehung des Herodes, die Flucht der Heiligen Familie nach Ägypten und ihre Ansiedlung nach dessen Tod in Nazareth (Mt 2,13-

---

Konstrukts wäre eine „dynamische" Anpassung jederzeit möglich.– Heute wäre ein derartiger Spiegel sicherlich mit Sensoren ausgestattet, die einen warnen, wenn der Fixpunkt (hier der Nordstern) vom Schirm verschwunden ist.

[10]**Maier, Riesner** u. a. 2015, S. 107.

64

23) – ist hinlänglich bekannt, so dass auf eine vertiefte Wiedergabe verzichtet werden kann. Im Übrigen sind wir mit Maier der Meinung, dass Mt 2,1-12

> „keine Legende [ist], sondern ein nüchterner, 'die meisterhafte matthäische 'brevitas' verratender' und geschichtlich ernst zu nehmender Bericht.“ Die „Legendenbildung setzt erst mit dem Protoevangelium des Jakobus (2. Hälfte des 2. Jh. n.Chr.?) und andern Kindheitsevangelien sowie in der mündlichen Tradition ein.“[11]

Mit dem Kommentator und einer ganzen Reihe von „Auslegern“ halten auch wir „den Bericht von Mt 2,1-15 für geschichtlich glaubwürdig.“[12]

5.2 Die Zeit der Geburt

Nach de Santillana beginnt ein neues Zeitalter mit einer Konjunktion der Planeten Jupiter und Saturn im jeweils neuen Sternbild.[13] Um das Jahr Null war dies die Jupiter-Saturn-Konjunktion des Jahres 7 v.Chr. im Sternbild der Fische. Am 14. September stand der Saturn, einen Tag später der Jupiter in der Opposition. Die Konjunktion beider Planeten war bereits am 4. Juni 7 v.Chr. bei einer Trennung von -1.07° erfolgt (**5.3**). Ein zweites Zusammentreffen wird von Redshift 7 mit

---

[11]ebd., S. 111.
[12]ebd., S. 113.
[13]Vgl. **Santillana** und **Dechend** 1994, S. 244.

dem 13. Dezember angegeben (Trennung bei -1.15°, **5.4**). Am Abend des 4. Juni 7 v.Chr. rückte auch ein neuer Stern an die Position des Nordsterns: *der Stern Kochab im Sternbild Kleiner Bär* (**4.2**, **4.6** und **5.5**).[14]

Dieser Zeitpunkt musste Herodes von den Magiern anlässlich ihres Besuches in Jerusalem übermittelt worden sein (Mt 2,7). Gemäß seinem Befehl, alle Jungen aus Betlehem und der gesamten Umgebung zu töten, die jünger als zwei Jahre waren (Mt 2,16), wäre der 4. Juni 5 v.Chr. jenes Datum, an dem die Weisen den Stern zum zweiten Mal gesehen haben – dieses Mal von Betlehem aus (**5.6**).[15] Was das Geburtsdatum Jesu angeht, erbringt unsere Untersuchung also keine wesentlich neuen Erkenntnisse: Dieses dürfte zwischen dem 4. Juni 7 v.Chr. und 5 v.Chr. gelegen haben, was auch Maier bestätigt:

„Legt man die berechnete Jupiter-Saturn-Konstellation zugrunde, dann liegt das Geburtsdatum Jesu im Bereich der

---

[14]Damit erweist sich die Behauptung Swerdlows „aus den 300 Jahren zwischen Hipparch und Ptolemäus sei keine weitere antike Erwähnung der Präzession überliefert worden" (**Ulansey** 1998, S. 121) als falsch. Die Sterngeschichte aus dem Matthäus-Evangelium liefert den klaren Gegenbeweis: Die Annahme eines Wechsels des Nordsterns ist ohne eine Kenntnis der Präzession der Äquinoktien nicht denkbar.

[15]Heute wird angezweifelt, ob dieser Befehl je ausgeführt wurde, es den sog. „Kindermord von Betlehem" auch tatsächlich gegeben hat: „Den Kindermord von Bethlehem gab es [.] nach Ansicht aller Fachleute nicht. Diese Geschichte und damit das Treffen der Sterndeuter mit Herodes ist [...] vom Evangelisten Matthäus wider besseres Wissen erdacht worden (?)." (**Steinleitner** 2020, S. 22).

Jahre 7-5 v.Chr. Das lässt sich auch mit Lk 3,23 und Joh 8,57 vereinbaren."[16]

---

[16]**Maier, Riesner** u. a. 2015, S. 114.

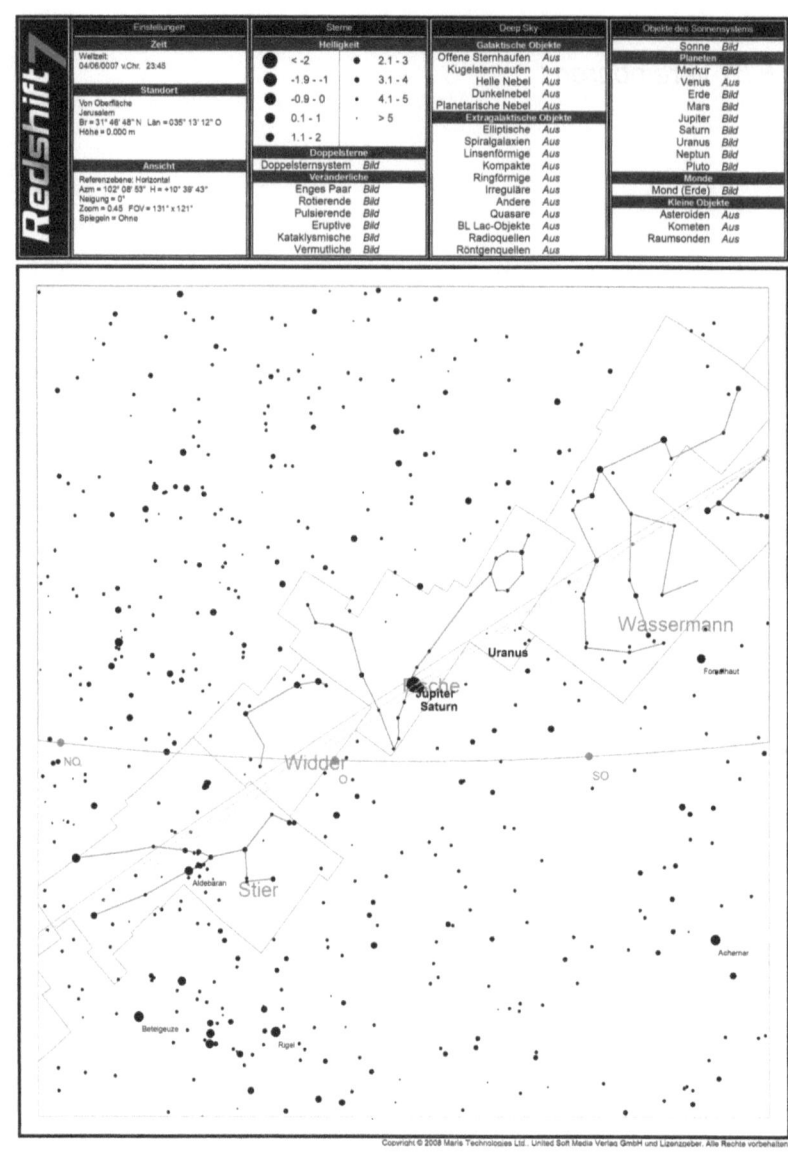

Abbildung 5.3: *Die Jupiter-Saturn-Konjunktion am 4. Juni 7 v.Chr. Uhrzeit: 23:45 Uhr, Standort: Jerusalem.*

68

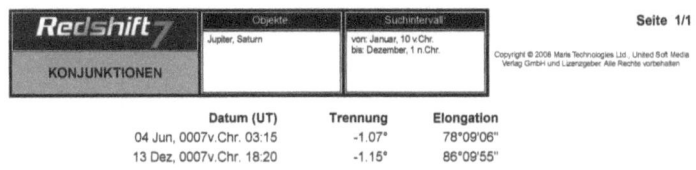

	Objekte	Suchintervall		Seite 1/1
Redshift 7	Jupiter, Saturn	von: Januar, 10 v.Chr. bis: Dezember, 1 n.Chr.		
KONJUNKTIONEN			Copyright © 2006 Maris Technologies Ltd., United Soft Media Verlag GmbH und Lizenzgeber Alle Rechte vorbehalten	

Datum (UT)	Trennung	Elongation
04 Jun, 0007v.Chr. 03:15	-1.07°	78°09'06"
13 Dez, 0007v.Chr. 18:20	-1.15°	86°09'55"

Abbildung 5.4: *Die Jupiter-Saturn-Konjunktion in den Jahren 10 v.Chr. - 1 n.Chr.*
Standort: Jerusalem.

69

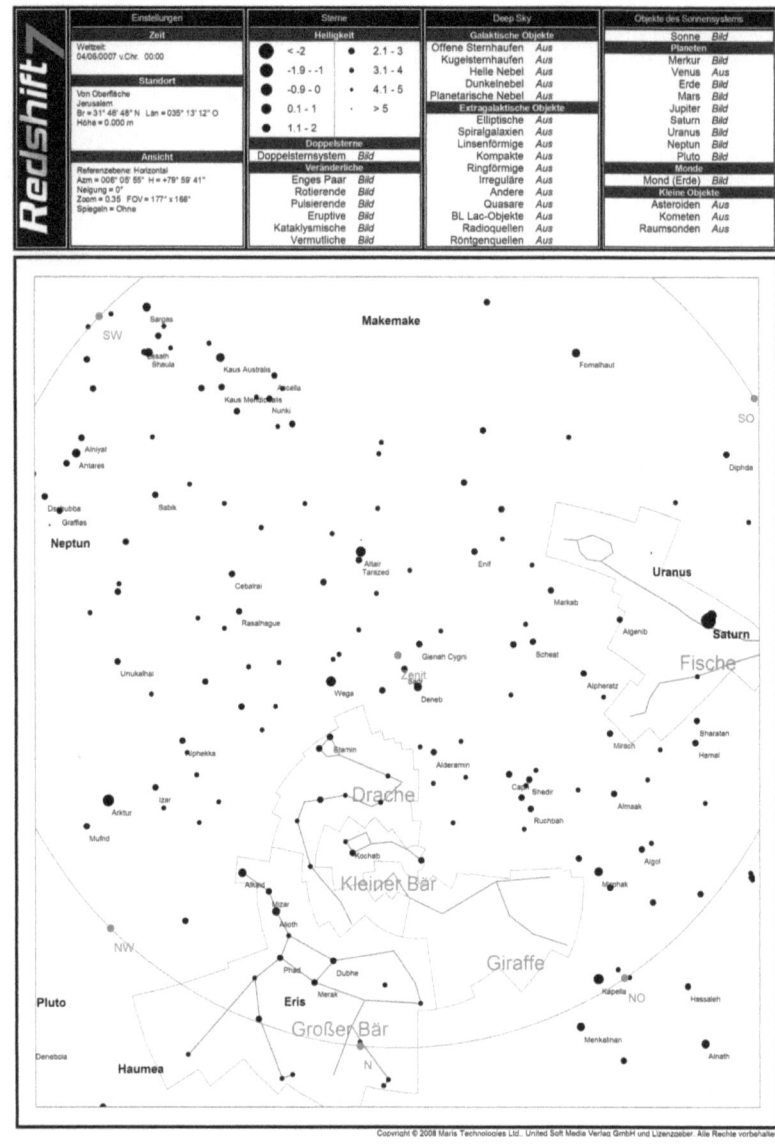

Abbildung 5.5: *Der Stern Kochab am 4. Juni 7 v.Chr. Uhrzeit: 00:00 Uhr, Standort: Jerusalem.*

70

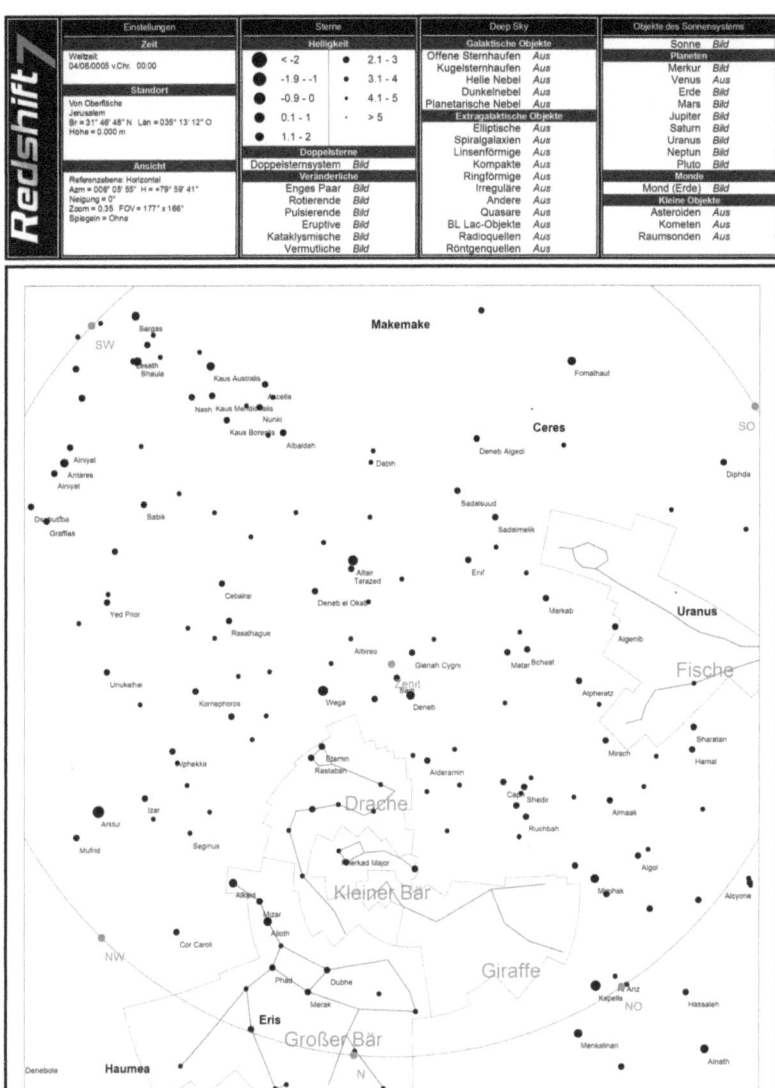

Copyright © 2008 Maris Technologies Ltd., United Soft Media Verlag GmbH und Lizenzgeber. Alle Rechte vorbehalten.

Abbildung 5.6: *Der Stern Kochab am 4. Juni 5 v.Chr.*
Uhrzeit: 00:00 Uhr, Standort: Jerusalem.

71

6 Zusammenfassung

Fassen wir die bisherigen Ergebnisse unserer Studie zusammen:

1. Die Aussage „der Stern ging vor ihnen her" beweist, dass die Magier ihre Reise nach Betlehem *in der Nacht* unternommen haben. Hier bietet allein der Nordstern eine *Orientierung*, während alle anderen Himmelskörper an einem Beobachter von Osten nach Westen vorbeiziehen, die Festlegung einer Nord-Süd-Achse nicht möglich ist. Die Orientierung ist das entscheidende Kriterium, das zugunsten des Nordsterns als des Sterns von Betlehem spricht.

2. In dieser Eigenschaft „kam er (ging er mit) und blieb oben stehen, wo das Kind war." Hier wird klar ausgesprochen, dass der Ort, an dem der Stern am Himmel „stehenblieb", oder besser: die *Höhe*, die er am Himmel erreichte, als die Karawane zum Stillstand gekommen war, exakt dem *Breitengrad*, also dem Ort entsprach, wo das Kind gefunden wurde.

3. Demgegenüber muss die wortwörtliche Vorstellung, *der Stern stehe genau über dem Haus, wo das Kind war*, als *naiv* bezeichnet

werden. Die direkt-wahrnehmbare Verbindung des Sterns mit dem Haus muss an dieser Stelle entzerrt werden. Der Stern kann topologisch sehr wohl in einer anderen Himmelsregion wahrgenommen werden und dennoch oder gerade deshalb eine genaue Ortsangabe enthalten – wie es beim Nordstern der Fall ist. Eben dieser Umstand erfüllte die Magier, als sie aus dem Haus traten und den Stern erneut erblickten, mit großer Freude. Diese Art der Indikation kann als *indirekt* bezeichnet werden, da der Indikator und das zu lokalisierende „Objekt" in *keinem direkt wahrnehmbaren* Zusammenhang stehen. Der Sachverhalt entspricht in etwa dem, was Heraklit mit seinem Spruch: *Mehr als sichtbare gilt unsichtbare Harmonie*, ausdrücken wollte. Die Magier könnten so gesehen als *experimentelle Astronomen* beschrieben werden, deren Experiment beim Anblick des Sterns – ja, geglückt war.

4. Das Lehrstück vom Stern von Betlehem befindet sich vollkommen auf der Höhe des damaligen astronomischen Wissens. Die Sterngeschichte aus dem Matthäusevangelium stellt solchermaßen ein Bindeglied zwischen den Astronomen Hipparch und Ptolemäus dar. Aus der *Präzession der Äquinoktien* folgte, dass etwa alle 2000 Jahre ein Wechsel des Nordsterns fällig wird. Um dies kundzutun, reisten die Magier nach Jerusalem.

7 Das Wassermannzeitalter

Während die Große Konjunktion von 7 v.Chr. lediglich „Auftakt" eines neuen Zeitalters war, wurde Kochab als neuer Nordstern an der Zeitenwende erkannt. Was liegt jetzt näher, als einen Blick in die Zukunft zu wagen und zu versuchen, das Ende des heutigen Fischezeitalters dingfest zu machen. Abschließend werden noch die Daten zum Beginn des Steinbockweltalters erhoben (4. Jt. n.Chr.).

In den 1960er Jahren sorgte der Song „Aquarius" aus dem Musical „Hair" für Furore.[1] Er spielte darauf an, dass das Zeitalter der Fische allmählich zur Neige geht und dem Zeitalter des Wassermann (Aqua-

---

[1] Der Songtext beginnt wie folgt:
„When the moon is in the Seventh house,
and Jupiter aligns with Mars,
then peace will guide the planets,
and love will steer the stars

This is the dawning of the age of Aquarius,
the age of Aquarius,
Aquarius!
Aquarius!"
Das Kultbuch der New-Age-Bewegung war übrigens **Ferguson** 1988, mit einem Vorwort von F. Capra.

rius) weicht. Für den Übergang wurden verschiedene Vorschläge gemacht, z.B. das Jahr 2.200 durch die Astrologin G. Gorrissen.[2] Die Frage, wann das Wassermannzeitalter genau beginnt, ist aber, von den esoterischen Spekulationen einmal abgesehen, nach wie vor ungeklärt.

In astronomischer Sicht würde die Wanderung des Frühlingspunkts 2150 bzw. 2160 Jahre betragen, falls man die Sternbilder auf der Ekliptik mit einheitlich $30°$ ansetzt. Deren Ausdehnung fällt jedoch unterschiedlich aus: Für die Fische sind rund $37°$ zu veranschlagen, für den Wassermann etwa $24°$ usw. – außerdem ist es kaum möglich, den exakten „Anfang" eines Sternbilds festzulegen. Dadurch entsteht auch eine Varianz hinsichtlich ihrer Dauer: Bei den Fischen sind es 2.700 Jahre (von ca. 100 v.Chr. - 2600 n.Chr.), und beim Wassermann ca. 1.700 Jahre. Gemäß der Vedischen Astrologie, bei der jedes Zeichen $30°$ lang ist, beginnt das Wassermannzeitalter um das Jahr 2440, wobei hier auch das Fische-Zeitalter noch früher anzusetzen wäre, nämlich um das Jahr 280.[3]

---

[2] z.B. **Gorissen** 2001, S. 23. Woher das Datum 2.200 stammt, bleibt allerdings unklar.

[3] Vgl. dazu den Wikipedia-Artikel „Wassermannzeitalter". Die 1930 neu definierten Grenzen der nunmehr 13 Sternbilder der Ekliptik (hinzugekommen war der Schlangenträger!?) bringen diesbezüglich weitere Komplikationen mit sich.

76

7.1 Die Santillana-Regel

Eine weitere Möglichkeit wäre, sich dem oben erwähnten Vorschlag *de Santillana's* anzuschließen und *das neue Zeitalter mit einer Großen Konjunktion von Jupiter und Saturn im neuen Sternbild beginnen zu lassen.* Die Konjunktion von 7 v.Chr., die unsere Epoche einleitete, ist bereits bekannt. Weniger bekannt ist, dass sich schon am 28. April 126 v.Chr. eine derartige ereignet hatte, die als „Epochenschwelle" jedoch keine Spuren hinterlassen hat. (Offensichtlich fehlte es an einer Kontinuität astronomischer Aufzeichnungen.)[4]

Aufgrund der *Santillana-Regel* ist es möglich, den Beginn des Wassermannzeitalters „punktgenau" zu definieren, also die entsprechenden Daten in der Zukunft zu erheben. Moderne Astronomieprogramme wie Redshift 7 sind in der Lage, stellare Konstellationen sowohl in der Vergangenheit als auch für die Zukunft zu berechnen.

Aufgrund der Umlaufzeiten der Planeten – Jupiter etwa 12, Saturn 30 Jahre – ereignet sich alle 20 Jahre eine Jupiter-Saturn-Konjunktion (*Große Konjunktion*). Falls die Planeten in dieser Zeit ihre Opposition haben, können sie sich während einiger Monate dreimal begegnen: Man spricht dann von der *Größten Konjunktion oder auch Dreifachkonjunktion,* wie sie z.B. zu Beginn des Fischezeitalters 7 v.Chr. gegeben war.

Im Zeitabschnitt 2000 - 2350 n.Chr. wird es in den Jahren 2238

---

[4]Ein Zusammentreffen der beiden lässt sich in nachchristlicher Zeit im Wassermann bereits am 2. Februar 1524 nachweisen. Es erscheint jedoch sinnvoll, sich wenigstens einigermaßen an den 2000er-Rhythmus zu halten.

/ 2239 und 2279 in den Sternbildern Zwillinge und Stier bzw. im Sternbild Waage Mehrfachkonjunktionen geben. In diesem Zeitraum gibt es zwei einfache Konjunktionen der Planeten Jupiter und Saturn im *Sternbild Wassermann*:

- am 4. Februar 2259 (**7.1**), und am

- 30. April 2318.

Das Zusammentreffen am *4. Februar 2259* – bei einer Trennung von -0.60° – wird von der Erde aus nicht zu beobachten sein, da sich der Saturn am 25. und der Jupiter am 28. Februar in der Konjunktion befinden, also „hinter" der Sonne stehen. *Gleichwohl wird ab diesem Tag, einem Freitag, die Ära des Wassermanns starten.* Der nächste Termin einer Konjunktion der Planeten im Wassermann – diesmal einer sichtbaren – wäre der *30. April 2318*, dieser späte Termin scheidet jedoch aus. Am 11. Juni wird der Saturn, am 14. Juni der Jupiter in Quadratur sein, beide Planeten sind zum fraglichen Zeitpunkt also sichtbar. Alle anderen Begegnungen fanden in anderen Sternbildern statt, am häufigsten – jeweils viermal – in den Sternbildern Steinbock, Stier und Waage.

Dreht man am „Sternenrad" einen Zahn weiter, wäre der *Steinbock* das nächste Sternbild, das von der Sonne „aufgesucht" wird. Die erste Konjunktion im Steinbock findet am *19. April 3907* statt (ein Freitag), also rund 1650 Jahre nach dem Beginn der Wassermann-Ära. Am 18. Februar 3967 werden beide Planeten ein zweites Mal in diesem Sternbild beieinander stehen. Und auch ein neuer Nordstern

Redshift 7

KONJUNKTIONEN

	Objekte:	Suchintervall:
	Jupiter, Saturn	von: Januar, 2000 n.Chr. bis: Dezember, 2350 n.Chr.

Datum (UT)	Trennung	Elongation
31 Mai, 2000n.Chr. 10:20	-1.19°	16°54'59"
21 Dez, 2020n.Chr. 13:31	0.10°	30°17'59"
05 Nov, 2040n.Chr. 13:03	1.23°	24°46'04"
10 Apr, 2060n.Chr. 08:54	-1.15°	40°01'25"
15 Mär, 2080n.Chr. 08:10	-0.10°	43°43'57"
24 Sep, 2100n.Chr. 01:23	1.30°	25°29'19"
17 Jul, 2119n.Chr. 01:54	-0.96°	39°00'34"
15 Jan, 2140n.Chr. 08:01	-0.25°	22°45'21"
26 Dez, 2159n.Chr. 02:57	1.27°	55°14'06"
28 Mai, 2179n.Chr. 13:33	-0.83°	15°53'26"
09 Apr, 2199n.Chr. 11:04	-0.44°	51°06'25"
04 Nov, 2219n.Chr. 15:11	1.26°	04°10'44"
07 Sep, 2238n.Chr. 05:49	-0.66°	67°48'31"
22 Mär, 2239n.Chr. 15:05	-0.75°	90°17'04"
04 Feb, 2259n.Chr. 22:54	-0.60°	18°08'05"
11 Feb, 2279n.Chr. 19:36	1.20°	86°13'15"
05 Sep, 2279n.Chr. 10:52	1.29°	69°02'19"
12 Jul, 2298n.Chr. 06:14	-0.47°	05°35'26"
30 Apr, 2318n.Chr. 04:01	-0.75°	54°26'07"
04 Dez, 2338n.Chr. 10:01	1.13°	09°04'46"

Abbildung 7.1: *Konjunktionen zwischen Jupiter und Saturn in den Jahren 2000 - 2350 n.Chr.*

wird fällig werden: diesmal *der Stern Gamma im Sternbild Kepheus* (Gamma Cephei).

Daraus wird klar, dass die in dieser Weise ermittelten Epochengrenzen „schwanken", sie einmal über der 2000-Jahre Grenze liegen, dann wieder darunter. Gegenüber der abstrakten Festlegung der zwölf Abschnitte des Tierkreises auf 2150 oder 2160 Jahre werden die Epochengrenzen „ereignisgesteuert" angegeben. Dies hat Vor-, aber auch Nachteile. Während der Methode ihre absolute Präzession sicherlich zum Vorteil gereicht („auf den Tag genau"), kann das Schwanken der Epochenlängen als Schwachstelle betrachtet werden.

Die Astrologen aus dem Evangelium haben diese Methode jedenfalls dazu benutzt, „unser" Zeitalter, die christliche Ära, auf den Weg zu bringen. Warum sollte sie nicht auch in der Zukunft Verwendung finden?

80

Literatur

Banos, George (1979-1980). „Was the Star of Bethlehem the Planet Uranus?" In: The Astronomy Quarterly, Volume 3, S. 165–168.

Barthel, Peter und George van **Kooten**, Hrsg. (2015). *The Star of Bethlehem and the Magi: Interdisciplinary Perspectives from Experts on the Ancient Near East, the Greco-Roman World, and Modern Astronomy.* Leiden / Boston: Brill.

Bricault, Laurent, Richard **Veymiers**, Nicolas **Amoroso** u. a., Hrsg. (2021). *The mystery of Mithras : exploring the heart of a roman cult.* Mariemont: Musée Royal de Mariemont.

Bull, Klaus-Michael (2019). *Bibelkunde des Neuen Testaments. Die kanonischen Schriften und die Apostolischen Väter : Überblicke.* 8., veränderte Auflage. Göttingen: Vandenhoeck & Ruprecht.

d'Occhieppo, Konradin Ferrari (1991). *Der Stern von Bethlehem, aus der Sicht der Astronomie beschrieben und erklärt.* Stuttgart: Franckh-Kosmos.

Ferguson, Marilyn, Hrsg. (1988). *Die sanfte Verschwörung : persönliche und gesellschaftliche Transformation im Zeitalter des Wassermanns.* 6. Auflage. München: Knaur.

Gorissen, Gisela (2001). *Astrosophie des Tierkreises und der Planeten. Der Mensch im Spannungsfeld zwischen Kosmos und Planeten.* Stuttgart: Verlag Urachhaus.

Keim, Frank und Dominik **Seemann** (2021). *Löwenmensch und Planetenvenus - Astronomie und Musik in der Steinzeit*. 1. Auflage. Hamburg: Verlag Dr. Kovač.

– (2022). *Die Mondphasen beim Homo sapiens und den Neandertalern*. 2. Auflage. Norderstedt: BoD – Books on Demand.

Lahe, Jaan (2019). *Mithras - Mithra - Mitra. Der römische Gott Mithras aus der Perspektive der vergleichenden Religionsgeschichte*. Münster: Zaphon.

Maier, Gerhard, Rainer **Riesner** u. a. (2015). *Das Evangelium des Matthäus : Kapitel 1-14*. Witten: SCM-Verlag GmbH u. Co. KG.

Redshift 7 Premium (2007). München: United Soft Media Verlag GmbH.

Russo, Lucio (2003). *Die vergessene Revolution oder die Wiedergeburt des antiken Wissens*. Berlin - Heidelberg - New York: Springer.

Santillana, Giorgio De und Hertha von **Dechend**, Hrsg. (1994). *Die Mühle des Hamlet : Ein Essay über Mythos und das Gerüst der Zeit*. 2. Auflage. Wien u.a.: Springer.

Sloterdijk, Peter (2017). *Nach Gott*. 1. Auflage. Berlin: Suhrkamp.

Steinleitner, STDir Franz (2020). *Der Stern von Bethlehem ist keine Legende : Ein paar astronomische und historische Sternschnuppen*. Norderstedt: BoD - Books on Demand.

Ulansey, David (1998). *Die Ursprünge des Mithraskults. Kosmologie und Erlösung in der Antike*. Stuttgart: Konrad Theiss Verlag.

Wolter, Michael (2017). *Theologie und Ethos im frühen Christentum. Studien zu Jesus, Paulus und Lukas*. Unveränderte Studienausgabe. Tübingen: Mohr Siebeck.

Wrembek, Christoph (2011). *Der Stern - die Weisen - und wir : die Geburt Jesu in Bethlehem*. Leipzig: St. Benno-Verl.

Internetquellen

Dieterich, Albrecht (1901): Die Weisen aus dem Morgenlande
URL: https://daten.digitale-sammlungen.de/0001/bsb00010637/imag
es/index.html?id=00010637&groesser=&fip=yztseayawxseayaxdsydx
seayayztsxdsyd&no=22&seite=1

Koch, Dieter (2016): Der Stern von Bethlehem
URL: http://www.gilgamesh.ch/Koch_StvB_web.pdf

Schäfer, Joachim (2022): Markus, Johannes, Matthäus
URL: https://www.heiligenlexikon.de/BiographienJ/M laufend aktuali-
siert

Bildnachweis

Abbildung 4.1:
https://platonism347.tripod.com/de_santillana.htm (zuletzt aufgerufen am 8.05.2022)

Abbildung 4.2:
https://commons.wikimedia.org/wiki/File:Ursa_Minor_constellation_map.png (Torsten Bronger, zuletzt aufgerufen am 29.04.2022)

Abbildung 4.3:
https://upload.wikimedia.org/wikipedia/commons/7/75/Mapa_coordenadas_geogr%C3%A1ficas_editado.jpg (zuletzt aufgerufen am 29.04.2022)

Abbildung 4.4:
Santillana und **Dechend** 1994, Abbildung 1.

Abbildung 4.5:
Bricault, **Veymiers**, **Amoroso** u. a. 2021, S. 235.

Abbildung 4.6:
Dr. Norbert Gasch: Die Präzession
https://www.astronomie.de/einstieg-in-die-astronomie/unsere-erde/die-praezession/ (zuletzt aufgerufen am 29.04.2022)

Abbildung 5.1:
Santillana 1994, Abbildung 5.

Abbildung 5.2:
Markus Nielbock: Navigation in the Ancient Mediterranean and
Beyond https://journals.ub.uni-heidelberg.de/index.php/astroedu
/article/view/81665 (zuletzt aufgerufen am 17.05.2022)
Lizenz: https://creativecommons.org/licenses/by/4.0/deed.de

Abbildungen 5.3-6 und 7.1:
Software Redshift 7 Premium.